Gunter Gerlach

ST. PAULI -WEEKEND

KELLNER

CIP-Titelaufnahme der Deutschen Bibliothek
Gerlach, Gunter
St.-Pauli-Weekend / Gunter Gerlach. - Hamburg : Kellner, 1991
ISBN 3-927623-68-7
NE: Gerlach, Gunter: Sankt-Pauli-Weekend

Umschlaggestaltung: Jan Rieckhoff
Gesamtherstellung: Clausen & Bosse, Leck

ISBN 3-927623-68-7

Das Zitat auf Seite 102 stammt aus einem unveröffentlichten Roman von Lou A. Probsthayn.

1

Kathrin packte im Schlafzimmer den Koffer, während er auf die Terrasse ging, um die letzten Sonnenstrahlen auszunutzen. Aus dem Kinderzimmer hörte er das Geräusch des ferngesteuerten Rennautos. Die Sonne stand tief zwischen den beiden alten Birnbäumen. In wenigen Minuten würde sie hinter dem Dach des zweistöckigen Wohnblocks verschwinden. Das ging immer sehr schnell. Als Kinder hatten sie in diesem Licht einmal im Sachsenwald eine Leiche gefunden.

“Wir kommen dann im Laufe des Montags zurück”, hörte er seine Frau rufen, und: “Thomas, du solltest doch deine Spielsachen einpacken, die du mitnehmen willst.” Sein Sohn verstärkte die Motorgeräusche mit dem Mund. Dann kam ein Quietschen dazu. Es mußte sich um eine scharfe Kurve handeln. Der Wagen überschlug sich und explodierte.

“Ich hab schon alles eingepackt!”

Alexander setzte sich auf den Gartenstuhl, legte die Zeitung auf den Schoß, ohne sie auseinanderzufalten, schloß die Augen und hielt sein Gesicht in die Sonne. Er hatte nur einen kurzen Blick auf die Leiche werfen können. Die Lehrerin scheuchte die Kinder zurück, versammelte sie am Wegrand. Einer Gruppe schärfte sie ein, sich nicht von der Stelle zu rühren, mit der anderen Gruppe ging sie zu einem Gasthaus, um die Polizei zu rufen. Er hatte warten müssen zwischen den hohen Buchen, ihrer bedrohlichen Elefantenhaut, den geflüsterten Unterhaltungen.

Sein Sohn hatte den Wagen wieder an den Start geschoben. Der Mundmotor heulte auf, es folgte ein Countdown. Alexander lächelte. Er genoß es immer, auf der Terrasse zu sitzen und die

Geräusche aus dem Haus zu hören. Wie konnte jemand bloß auf so grausame Weise Selbstmord begehen? Der Mann hatte ein Seil um den Stamm eines Baumes geschlungen, sich im Liegen die Schlinge um den Hals gelegt, war dann einen kleinen Abhang herabgerutscht, um sich langsam selbst zu erwürgen. So beschrieb es damals die Zeitung unter der Überschrift: Kinder machen grausige Entdeckung. Es war Wandertag gewesen.

Die Sonnenstrahlen brachen sich am Dachfirst des Hauses. Der Tod, das waren riesige schwarze Bäume mit rauschenden Blättern und flüsternden Kindern zu ihren Füßen. Alexander hob die Zeitung. Meist betrachtete er die Artikel nur, ohne sie zu lesen. Er interessierte sich selten für die Nachrichten. Er las Zeitung nur, um nichts zu tun.

Er hörte, wie seine Frau im Badezimmer die Zahnbürsten aus dem Becher nahm. In diesem Moment begann die Alarmanlage des linken Nachbarhauses aufzuheulen. Er zuckte zusammen, stand auf und trat in den Schutz der Terrassentür. Die von seinen Knien gerutschte Zeitung entfaltete sich im leichten Wind auf dem Steinboden. Einbrechern ging man besser aus dem Weg. Auf Alarmanlagen zu reagieren war töricht. Die gingen doch immer mal los. Sollte doch jemand anderes die Polizei rufen. Er trat ins Wohnzimmer.

"Kathrin..."

Er ging zum vorderen Fenster und guckte vorsichtig durch den Spalt der Gardinen. Die Nachbarn mußten ja nicht wissen, daß er zu Hause war.

Jetzt konnte er die blinkende rote Lampe sehen. Alarmanlagen schalteten sich doch nach einiger Zeit von selbst aus. Auf der Straße war alles ruhig.

"Das ist das dritte Mal in dieser Woche."

Er schrak zusammen, fühlte sich ertappt. Seine Frau war unbemerkt hinter ihn getreten.

"Die Anlage ist kaputt. Kannst du mir helfen, den Koffer rauszutragen? Wir sind schon spät dran. Ich habe meiner Mutter gesagt, daß wir gegen acht da sein werden. Und jetzt bei diesem Verkehr." Sie ging wieder ins Schlafzimmer.

Die Ratte unter der Buchenhecke des gegenüberliegenden Hauses bewegte sich nicht. Nur ihre Barthaare zitterten. Sie beobachtete einen schwarzen, glänzenden Käfer, der seit einiger Zeit nicht weit von ihr auf dem Rücken lag. Seine hektischen Beinbewegungen begannen zu erlahmen.

Endlich schaltete sich die Alarmanlage aus. Alexander hatte nicht zur Uhr gesehen, war es die Automatik, oder hatten die Einbrecher die Sicherung gefunden und herausgedreht? Auf jeden Fall schien es vernünftiger, so zu tun, als handle es sich um einen Fehlalarm.

"Essen für morgen steht in der Küche auf dem Herd."

Seine Frau ging an der Wohnzimmertür vorbei.

"Du brauchst es dir nur zu wärmen. Und Sonntag mußt du mal sehen, was du dir kochst. Eine Dose Linsen steht in der Speisekammer und im Kühlschrank sind noch ein paar Würstchen. Vielleicht machst du dir das. Kannst du morgen früh noch ein Brot kaufen? Sonst hast du Montag nichts zum Frühstück. Falls Elisabeth anruft, sag ihr, daß ich sie nicht erreicht habe. Sie weiß gar nicht, daß ich weg bin." Während sie sprach, ging sie mehrmals vom Schlafzimmer ins Badezimmer und zurück. Alexander stand immer noch unbeweglich am Wohnzimmerfenster - die Gardine bot ihm Deckung - und erwartete, die Einbrecher aus dem Nachbarhaus kommen zu sehen.

"Bitte, trag doch den Koffer schon mal zum Auto. Thomas, komm. Wir müssen fahren!"

Vielleicht konnte er später die Einbrecher beschreiben, aber dann würde man ihn auch fragen, warum er nicht die Polizei angerufen hatte.

"Ich komme." Er drehte sich vom Fenster weg. Seine Frau schob Thomas vor sich her zur Haustür.

Vor vier Jahren hatte er dem widerstrebenden Kind einmal ein dickes Stück Hundekot aus dem Mund entfernen müssen.

Er nahm den Koffer vom Ehebett.

"Wo bleibst du, wir sind spät dran", rief seine Frau.

Am Auto versuchte er, ihr einen Kuß zu geben, aber sie wandte sich ab. "Es ist schon so spät. Wenn ich an den Feierabendverkehr denke. Vielleicht rufst du Mutter noch mal an, und sagst ihr, daß wir losgefahren sind, damit sie sich keine Sorgen macht." Sie stieg ein. Thomas ließ seinen Rennwagen über die Polster des Rücksitzes jagen.

"Mit dem Essen weißt du ja Bescheid. Ich ruf dich im Büro an, wenn wir wieder da sind. Ciao." Sie hob die Hand, dann kurbelte sie das Seitenfenster hoch und gab Gas. Er winkte schwach. Das Spielzeugauto rollte über die Hutablage, sein Sohn sah nicht auf.

Alexander schloß sorgfältig die Gartentür, sah aus den Augenwinkeln zum Nachbarhaus und ging betont langsam ins Haus zurück. Jetzt mußte er noch eine Viertelstunde warten, um sicher zu sein, daß Kathrin nicht zurückkam, weil sie etwas vergessen hatte.

2

Zum ersten Mal seit sechs Jahren hatte er sich wieder mit Andree verabredet. Zum Essen. Wie damals, als er noch nicht verheiratet war. Und anschließend wollten sie auf den Zwutsch, wie sie es nannten. Wie damals.

Kathrin mochte Andree nicht, und er hatte ihr nichts von dem Treffen erzählt.

Er war der einzige, der wußte, daß sich Andree mit doppeltem E schrieb. Eigentlich die Schreibweise des Mädchennamens, hatte Andree gesagt. Ein Irrtum seiner Eltern. Alexander durfte es niemandem verraten. Das hatte er schwören müssen.

Die beiden kleinen braunen Knöpfe auf dem schwarzen Stoff waren es gewesen, die ihn zum Kauf der Hose gebracht hatten. Zwei vollkommen unsinnige Knöpfe und viel kleiner als die anderen an den Taschen. Beim Kauf war er sich mutig vorgekommen. Für ihn war es bereits ein ausgefallenes Kleidungsstück. Er mochte es nicht, wenn man seine Kleidung überhaupt bemerkte. Alexander stand vor dem Kleiderschrank und verteilte sein Bargeld auf die verschiedenen Taschen. Das hatte ihm Andree beigebracht. Wenn man auf die Reeperbahn ging, durfte man beim Bezahlen nie zuviel Geld zeigen. Das war sicherer. Andree war in einer anderen Welt zu Hause. Damals, nach einer durchzechten Nacht, morgens auf dem Fischmarkt ohne einen Pfennig Geld, hatte Andree einem Betrunkenen helfend unter die Arme gegriffen und ihm dabei das Geld gestohlen.

Im Badezimmer stellte er sich auf die Klobrille, um sich von oben bis unten im Spiegel sehen zu können. Er wollte wissen, ob die Farbe seiner Socken zu seinem Aufzug paßte. Sein Kopf verschwand oberhalb des Spiegelrahmens. Die schmale Lederkrawatte wirkte ohne Kopf lächerlich.

Er stieg vom Klobecken herunter und band sich die Krawatte vor dem Spiegel ab. Es gab nichts Bemerkenswertes an ihm, keine spitze Nase, keine ausdrucksvollen Augen, keine große Stirn, kein fliehendes Kinn oder ungewöhnlich geformte Ohren - alles war eher etwas zu klein, sein Kopf zu schmal mit kindlichen Gesichtszügen. Auf Fotos mochte er sich nicht. Er ließ die Krawatte durch die Finger gleiten. Ob es ihm noch angemessen war, nicht nur den obersten Hemdenknopf, sondern noch einen weiteren zu öffnen? Bei Andree, von dem außer Alexander wohl kaum jemand genau wußte, wie er sein Geld verdiente, blinkte dann eine kleine goldene Kette auf der Brust. Im Büro lockerten sich allmählich die Sitten, da konnte man freitags angesichts des Wochenendes schon mal ohne Krawatte erscheinen. Immerhin wagte in Alexanders Abteilung noch keiner in Jeans zu kommen.

Im schräg gegenüberliegenden Haus schlug ein Mann zwei Eier am Pfannenrand auf und ließ sie auf das heiße, schwarze Blech gleiten. Vorsichtig berührte er das Eigelb mit der Kuppe des Zeigefingers, der schwarz vom Schuheputzen war. Das kleine Stück Eierschale blieb daran hängen.

Unruhig wanderte Alexander durch das Haus, das Kathrin aufgeräumt und sauber hinterlassen hatte. Er hatte noch eine Stunde Zeit. Wie immer betrachtete er die Dinge und Einrichtungsgegenstände, ohne sich für sie zu interessieren. Formen und Farben in seiner persönlichen Umgebung ließen ihn gleichgültig. Draußen dämmerte es, und er überlegte, welche Lampen er brennen lassen sollte, damit niemand dachte, es sei keiner zu Hause.

Als er im Wohnzimmer die Stehlampe einschaltete, stieg ihm ein süßlicher Geruch in die Nase. Schnüffelnd beugte er sich nach unten, ging auf die Knie und sah unter den Ohrensessel. Er konnte nichts entdecken, aber der Geruch wurde stärker. Der mit gelbem Cord bezogene Sessel war unten offen, die Federung war zu sehen. Irgend etwas Helles leuchtete dort. Er griff hinein, spürte Feuchtigkeit. Eine weiche Masse. Etwas lief an seiner Hand herunter.

Ein Apfel, angebissen, verschimmelt und mit Maden übersäht lag in seiner Hand. Einige der fetten Tiere krümmten sich auf seiner Handfläche, schienen unter seine Haut kriechen zu wollen, und eine klebrig süße Flüssigkeit rann ihm zwischen die Finger.

Er sprang auf, rannte in die Küche mit vor Ekel halb geschlossenen Augen und versuchte, alles über dem Abfluß abzuschütteln, ließ schließlich heißes Wasser über seine Hand laufen ohne dabei hinzusehen. In seinen Gedanken krümmten sich die Maden.

3

Zuerst war es ein Räuspern gewesen, das nicht enden wollte. Dann hatte der Mann leicht zu husten angefangen, als wäre ganz vorn in der Kehle etwas hängengeblieben. Ein freundschaftliches Klopfen auf den Rücken aber löste einen Hustenanfall aus, der immer tiefer, bellender wurde. Dann übergab er sich. Was konnte Alexander schon tun, die anderen bemühten sich um den Mann, der gut gekleidet war, jetzt röchelnd Luft holte und wieder zu husten anfing. Er wirkte nicht betrunken.

Alexander stand an der Kante des Fußweges und vermied es, in das rote Gesicht mit den hervorquellenden Augen zu sehen. Er dachte, das muß ihm peinlich sein, in dieser Situation angestarrt zu werden.

Eine Gruppe dänischer Touristen schlängelte sich an den Prostituierten vorbei die Davidstraße hinauf. Sie lachten laut, zogen sich an den Armen, machten Witze über den sich übergebenden Mann und begannen selbst zu husten.

Der Mann krümmte sich an der Mauer des Lokals und würgte. Dann übergab er sich erneut, ohne mit dem Husten innezuhalten. Die Flüssigkeit spritzte über die Steinplatten bis zu Alexanders Füßen. Aus dem Husten war ein tiefes, langgezogenes Röhren geworden. Dann kam Blut und noch irgend etwas. Der Mann brach auf die Knie. Brauner Schleim zog sich von seinen Lippen bis zum Erdboden. Einige Passanten versuchten hilflos, ihn an den Armen aufzurichten.

Alexander ging rückwärts, ohne auf den Verkehr zu achten, auf die andere Straßenseite zu den Taxis. Die Fahrer saßen gleichgültig in ihren Wagen, lasen Zeitung oder starrten vor sich hin. Das Husten nahm kein Ende. Wieder übergab sich der Mann. Mit einem Mal wußte Alexander, was da in der Schleimpfütze schwamm. Er konnte seinen Blick nicht mehr abwenden. Er mußte zusehen, wie der Mann, von Krämpfen und Hustenanfällen geschüttelt sein Innerstes erbrach und endlich zusammensank. Vielleicht war der Rettungswagen an diesem

Freitagabend an den zahlreichen Touristenbussen, die die Reeperbahn verstopften, nicht vorbeigekommen. Wenn ihn überhaupt jemand gerufen hatte.

Alexander atmete die kühle Nachtluft, sah zu den Sternen hinauf und wandte sich mit großen Schritten zum Hafen. Das war auch nicht besser, denn unterhalb der Ufermauern schwamm das Erbrochene des Flusses. Auf dem Anlegesteg der Englandfähre stand eng umschlungen ein Paar, hob sich gegen das von den Lampen der gegenüberliegenden Docks erleuchtete Wasser deutlich ab. Erst als sie sich voneinander lösten, erkannte Alexander, daß es zwei Männer waren.

Warum war er nur so früh losgegangen? Das war nun die Strafe für seine Ungeduld. Andree hatte natürlich noch nicht in dem italienischen Restaurant gesessen, stand vermutlich noch in irgend einem dunklen Hauseingang und wickelte aus der Jackentasche heraus seine Geschäfte ab.

Alexander war spazierengegangen, um zu sehen, was sich seit seinem letzten St.-Pauli-Besuch vor drei Jahren, als er zwei Verwandte aus Süddeutschland führen mußte, verändert hatte. Die Anmache der Prostituierten war noch direkter geworden, ihre Versuche, ihn einzufangen, noch aufdringlicher. Es hatte ihm geschmeichelt. Und dann mußte dieser Mann sich so endlos übergeben.

Vielleicht hatte Kathrin recht. Sie ging nie nach St. Pauli. Ihre Verwandten mußte Alexander führen. Sie hatte bereits Angst, die Reeperbahn entlang zu fahren, fürchtete immer, daß ihr ein Betrunkener vor das Auto laufen würde. Wenn er von seiner Zeit mit Andree sprach, den Besuchen in den Sex-Shows, den Diskotheken, den Schwulenbars, ekelte sie sich. Sie hatte ihm verboten, beim Essen davon zu erzählen, ihn deshalb einmal mit einer weichgekochten Kartoffel beworfen. Jede seiner Erinnerungen unterbrach sie mit belanglosen Neuigkeiten von den Nachbarn.

Als er nach einer halben Stunde zurückkam, war der Mann fort. Um das Erbrochene auf dem Fußweg machten die Touristen einen großen Bogen oder sprangen verwegen darüber hinweg.

Alexander wollte vorbeigehen, als er auf den Fußwegplatten sah, was er schon vorher bemerkt hatte. Er hielt inne, betrachtete den Schleim und den darin liegenden Sicherheitsschlüssel. Entschlossen bückte er sich, nahm ihn vorsichtig mit zwei Fingern heraus. Der Mann hatte diesen Schlüssel erbrochen, das war es, was er vorhin beobachtet hatte. Alexander legte ihn in ein Papiertaschentuch. Er kämpfte gegen seine eigene Übelkeit, richtete sich auf und sah in das Gesicht eines Mannes, der ihn beobachtet haben mußte. Er wankte eilig davon. Das Würgen in seiner Kehle nahm zu.

An der nächsten Straßenecke lehnte er sich mit einer Hand an die Hausmauer, versuchte, den Speichel zurückzuhalten. Magensäure schoß ihm in die Mundhöhle, aber er schluckte sie wieder hinunter. Unter seinem Arm hindurch wollte er zurücksehen, aber die Sicht war ihm versperrt. Der Mann war ihm gefolgt, stand dicht bei ihm und streckte seine Hand aus.

"Was wollen Sie?" hörte Alexander sich mit bitterer Zunge sagen.

Wie ein Bettler sah der Mann nicht aus. Er trug ein elegantes grünkariertes Jackett mit einem gelben Polohemd darunter. Er öffnete den Mund weit, zeigte makellose Zahne und runzelte dabei die Stirn wie ein Taubstummer, der vergeblich zu sprechen versucht. Dann hob er seine ausgestreckte Hand abwehrend und ging mit einer schnellen Drehung davon.

Nicht weit, in dem kleinen Park am Bismarck-Denkmal saß eine Frau mittleren Alters auf einer Parkbank, ihre Habseligkeiten in zwei Plastiktüten verpackt neben sich. Sie senkte die linke Hand zwischen ihre Beine und begann, die Wunde an der Innenseite ihres Schenkels erneut blutigzukratzen.

4

Alexander ging mit seinem Weinglas von der Bar langsam in den hinteren Raum. Der reservierte Tisch war wie alle anderen mit einer weißen, gestärkten Tischdecke belegt, die durch dünne ausgebreitete Servietten geschützt wurde. Andree war zwanzig Minuten überfällig.

Er schlug die klebrige Plastik-Speisekarte auf und beobachtete über den Rand hinweg die anderen Gäste. Er kannte niemanden mehr, obwohl er sich mit Andree hier früher regelmäßig getroffen hatte. Er fühlte sich hier nicht mehr wohl.

Der Mann am gegenüberliegenden Tisch fing seinen Blick auf und lächelte ihm zu. Der Kellner balancierte mit einer Weinflasche und zwei Gläsern vorbei. Der Mann lächelte ihn immer noch an. Seine Haare waren dicht an den Kopf geklebt, seine Gesichtshaut narbig.

"Sie warten auf Andree, nicht wahr?"

"Wieso?"

"Sie sitzen an seinem Tisch." Er brachte sein Glas vom gegenüberliegenden Tisch mit und setzte sich.

"Sie kennen Andree?" Alexander blickte nicht von der Speisekarte auf.

Der Mann lächelte nur, nahm Alexander die Speisekarte aus den Händen und klappte sie zu.

"Nehmen Sie die Vorspeise vom Buffet und danach das Lammfilet. Warten Sie nicht." Dann setzte er das Glas an die Lippen und legte den Kopf so weit zurück, daß es für einen Moment so aussah, als hätte er eine Glatze.

Alexander hätte am liebsten das Lokal verlassen. Er hatte keinen Appetit mehr und es war ihm unangenehm, mit dem Fremden zu reden.

"Ich bin Carlo, ich kenne Andree schon lange." Er zog den Kellner im Vorbeigehen am Ärmel und bestellte: "Einmal Vorspeise vom Bufett und dann Lammfilet für den Herrn."

"Ich wollte auf Andree warten!" Carlo winkte ab.

Zwei Straßen weiter beleuchtete das Licht des an der Hauswand angebrachten Schaukastens das rotgeäderte Gesicht eines alten Mannes. Ein dicker marineblauer Mantel hing über seinem schmächtigen Körper. Er bewegte seine Zehen in den zu großen Schuhen und trauerte der unerwiderten Liebe zu einem vierzehnjährigen Mädchen nach. Diese gefährliche Kopfbewegung, mit der sie ihre blonden Haare nach hinten geworfen hatte - damals vor vierzig Jahren in der Seilerstraße.

Es war zu spät, die Bestellung zurückzunehmen, der Kellner war schon zur Küche unterwegs.

"Wissen sie, was Ezra Pound über Menschen und Hunde sagte?"

"Sind Sie Dichter?"

Carlo lachte. "Ein bißchen. Ich bin alles und nichts. Am liebsten male ich. Ich hasse Bilder."

Alexander wagte nichts zu sagen, denn der Blick des anderen war plötzlich voller Aggressivität auf ihn gerichtet.

"Ich würde Ihnen gern ein Bild zeigen. Es ist so klein, daß man es nur durch ein zweiäugiges Vergrößerungsglas betrachten kann. Dieses Glas ist Bestandteil des Bildes."

"Kommt Andree nicht?" Alexander wollte das Thema wechseln.

"Warum fragen Sie nicht, warum ich so ein kleines Bild male?"

"Ich weiß nicht."

"Es hat eine besondere Bewandtnis mit diesem Bild, man kann davon blind werden."

"Deshalb ist es so klein?"

"Nein, deshalb habe ich ein Vergrößerungsglas davor angebracht. Es ist aus einem alten Fernglas. Hätten Sie den Mut, es zu betrachten?"

"Ich weiß nicht."

"Ach, Sie verstehen nichts von Kunst?"

"Nein, nicht viel."

Der Kellner stellte den Vorspeisenteller vor ihm ab, Zunge

mit einer grünen Pasta, die Alexander nicht mochte. Er spießte sie mit der Gabel auf und verschlang sie schnell, ohne lange darauf zu kauen. Das Schlechteste zuerst.

"Was machen Sie?"

"Wie?"

"Was arbeiten Sie?"

"Werbung. Ich arbeite in einer Maschinenbaufirma in der Werbeabteilung." Alexander hielt es nicht für angebracht, ihm zu sagen, daß er die Abteilung leitete. Außerdem hatte er nur zwei weitere Mitarbeiter. Kathrin drängte ihn immer öfter, eine andere Stelle zu suchen. Es war ihr nicht genug, was er war. Dabei hatte er es geschafft, das Haus zu finanzieren. In dreißig Jahren würde es abgezahlt sein. Wenn alles gut ging.

Einmal hatte er Geld von Andree bekommen. Eine ungefährliche Sache, eine Segeltour nach Schweden. Er erinnerte sich gut daran, denn der Wind war günstig gewesen, und so hatte er stundenlang den Kopf über Bord halten und ins vorbeischießende Wasser sehen können. Als Student konnte er sich ein eigenes Boot nicht leisten. Sie waren zu dritt und Alexander interessierte sich nicht für die versteckte Ladung. Erst auf dem Rückweg begriff er, daß der dritte Mann die Ladung gewesen war. Von dem Geld, daß ihm Andree gab, hatte er damals ein halbes Jahr leben können.

"Ich denke, Sie sollten das Bild sehen. Ich will es nicht verkaufen."

Alexander schob den Vorspeisenteller von sich. Alles schmeckte bitter. Er schwitzte. Am liebsten wäre er gegangen. Wie damals, als er das Gummi in seinen Nudeln entdeckte. Mein Gott, war das lange her. Ungläubig hatte er auf dem zähen Stück herumgekaut, einen flüchtigen Moment überlegt, ob er es hinunterwürgen sollte, um sich die Peinlichkeit einer Reklamation zu ersparen, hatte es dann aber laut fluchend zwischen den Zähnen hervorgezerrt, mit zwei Fingern in die Höhe gehalten, in die Stammtischrunde geguckt und nach dem Kellner gerufen. Und während sich die Köpfe der Gäste auf ihn richteten, die Kellner ihre gebückte Haltung aufgaben, sich strafften und ihn mit ärgerlichen Blicken musterten, die Unterhaltungen zu einem Flüstern erstarben, in einem Moment ungewohnter Stille und fast ungeteilter Aufmerksamkeit, hatte er ein paar Mal, erschrocken über seinen eigenen Mut leiser werdend, "Schweinerei" geschrien. Die Kellner waren würdevoll zu seinem Tisch gekommen, hatten das Gummistück ungläubig betrachtet, ihn zu beruhigen versucht und ihm ein neues Essen angeboten, das er trotzig abgelehnt hatte.

Mit Erfolg war es ihm gelungen, das zum Kopf aufsteigende Blut zu unterdrücken. Er hatte den Teller mit der Bemerkung, wenigstens an diesem Abend in diesem Lokal nichts mehr zu sich nehmen zu können, weit von sich geschoben, und sich an den hilflosen Gesichtern der Kellner geweidet. Es war ihm gelungen, zu reklamieren, nicht leise, sondern laut und deutlich, wie jemand, der es sich wirklich leisten konnte. Ihm, einem Studenten, der nebenbei arbeiten mußte und keinerlei Erfahrung im Umgang mit Kellnern besaß. Und doch war seine stolze Haltung gleich darauf zusammengebrochen, als Andree begann, die Geschichte eines Schnorrers zu erzählen, der immer ein kleines Stück gelbliches, wie eine Nudel geformtes Gummi, mit sich trug. War sein Teller fast leer, zog er es heraus und beschwerte sich lauthals, er hätte es auf seinem Teller gefunden. So ergatterte er sich ein weiteres Gericht. Wie hatte er das Andree damals verzeihen können?

"Ich wohne ganz in der Nähe", sagte Carlo. "Aber essen Sie ruhig zu Ende."

"Essen Sie nichts?"

"Nein." Carlo fixierte ihn weiter. "Sie müssen es sehen!"

"Ich weiß nicht."

"Mein Gott, was machen Sie aus ihrem Leben!" Carlo lehnte sich zurück, ohne ihn aus den Augen zu lassen.

Ein Verkäufer mit der Nachtausgabe der Morgenpost kam an ihren Tisch. Alexander war froh über die Ablenkung und kaufte ein Exemplar.

"Wir sprechen uns noch." Carlo stand auf und ging mit dem Glas in der Hand in den vorderen Raum zur Bar. Alexander atmete auf und begann, in der Zeitung zu lesen. Zum Schluß des Gesprächs war er sich nicht mehr sicher gewesen, ob er diesen Carlo nicht doch von früher kannte. Vielleicht war er sogar damals bei der Gumminudel-Geschichte dabei gewesen. Er hatte kein Interesse an diesem kleinen Bild und schon gar nicht daran, mit diesem offenbar gefährlichen Menschen irgendwohin zu gehen.

Der Kellner kam mit dem Lammfilet. Alexander schnitt es in kleine gabelgerechte Bissen, zerteilte ebenso die beiliegenden Bohnen, legte dann das Messer weg und aß mit einer Hand, um gleichzeitig in der Zeitung zu blättern. Die Bohnen schmeckten bitter. Irgend etwas mußte ihm einfallen, um nachher ungeschoren an Carlo vorbeizukommen. Aber vielleicht kam Andree ja noch. Viel Hoffnung hatte er nicht mehr. Wahrscheinlich hatte Andree bei ihm zu Hause angerufen, um abzusagen.

Er stutzte. In der Morgenpost war ein kleines Foto. Ein Sicherheitsschlüssel, der im Zusammenhang mit einem Mordfall gesucht wurde. Er griff in seine Jackentasche, fühlte den Schlüssel in dem Papiertaschentuch, rieb ihn zwischen dem Papier und befühlte dann das Metall. Da war eine Einkerbung oberhalb des Loches, wie auf dem Foto. Er sah sich um, nahm dann langsam den Schlüssel aus der Tasche und schob die Hand beiläufig in die Nähe des Fotos und bildete mit ihr einen Sichtschutz. Es gab keinen Zweifel, es war der gesuchte Schlüssel. Alexander beugte sich über seinen Teller und sah unter den Augenbrauen hindurch zu den anderen Tischen, ob ihn jemand beobachtet hatte. Er legte die Gabel weg, winkte dem Kellner und ließ gleichzeitig den Schlüssel wieder in die Tasche gleiten.

"Ich möchte zahlen."

"Ich hoffe, es hat ihnen geschmeckt?"

"Ja, danke. Hat - Andree vielleicht angerufen? Ich war hier mit ihm verabredet."

"Andree? Nein."
"Aber, er hat doch diesen Tisch reserviert."
"So? Das weiß ich nicht."
"Aber ich hatte doch vorhin gefragt, ob dies der Tisch sei, den Andree reserviert hat."
"Dieser Tisch ist immer reserviert."
Der Kellner vertiefte sich in seine Rechung, murmelte italienische Zahlen und gab ihm dann den Zettel.
"Möchten Sie vielleicht noch einen Grappa?"
"Nein, danke."
"Sambuca?"
"Nein, auch nicht."
"Amaro?"
"Nein, wirklich nicht."
"Espresso?"
"Na gut."
Der Kellner strich das Geld ein.
"Stimmt so."
"Danke."

Der Espresso war trotz der drei Stück Zucker bitter. Während er ihn in kleinen Schlückchen trank, überlegte er, wie es ihm gelingen könnte, unbemerkt an Carlo vorbeizukommen. Aber vielleicht hatte Carlo seine Einladung längst vergessen.

Als er aufstand, versuchte er, den Anschein zu erwecken, daß er zu Toilette ginge, drehte dann ab und ging, scheinbar in Gedanken versunken, an Carlos breitem Rücken vorbei. Behutsam öffnete er die Tür und starrte in das flächige, grinsende Gesicht jenes Mannes, der ihn bei seinem Schlüsselfund beobachtet hatte. Eine Reihe makellos gelblicher Zähne versperrte ihm den Weg. Erst jetzt bemerkte er feine flimmernde rote Linien auf dem grünen Jackett. Eine Hand legte sich von hinten auf Alexanders Schulter.

"Das Bild, du mußt das Bild sehen", sagte Carlo. Rauchschwaden nebelten aus dem Lokal auf die Straße. Alexander riß sich los und stürzte an dem vor der Tür stehenden Mann vorbei, warf ihn fast um.

5

Er lief wieder die Davidstraße hinauf, sprang über das Erbrochene, verlangsamte seine Schritte an der Ecke Erichstraße und sah sich um. Der Mann folgte ihm nicht. In der Menge hätte er das grünkarierte Jackett sofort erkannt. Der Mann wollte den Schlüssel, daran schien es keinen Zweifel zu geben. Und ob er ihn wegwarf oder zur Polizei brachte, es änderte nichts, für den anderen blieb er der augenblickliche Besitzer. Er fühlte die Zeitung in seiner Jackentasche schwer werden.

Wie absichtslos ging er auf einen der grünen Papierkörbe zu. Hastig steckte er die Zeitung hinein; eine Ecke ragte noch heraus. Wenn er nachstopfte, würde er sich verdächtig machen, aber vielleicht hatte ihn niemand beobachtet. Er schnaubte ärgerlich und biß die Zähne zusammen. Jetzt ließ er sich von dieser absurden Idee, er besäße das Beweisstück eines Mordes, schon so gefangen nehmen, daß sie sein Verhalten bestimmte. Trotzig stieß er die Hände in die Jackentasche. Er drehte sich von dem Papierkorb weg und sah aus den Augenwinkeln eine verschmutzte Hand nach der Zeitung greifen.

"Ich sammle alte Zeitungen", sagte der Mann entschuldigend mit gesenktem Kopf. Er war alt und roch nach Kampfer. Sein verfilzter Bart war so grau und fleckig wie sein zerrissener Anzug mit ausgefransten Jackenärmeln.

"Ich sammle alles, was die Menschen wegwerfen." Der Alte versuchte, an ihm vorbeizusehen.

"Wie schön", sagte Alexander, als spreche er mit einem Kind.

"Irgendjemand muß es sammeln. Es gibt Tage, da findet man

keine Zeitung." Er sprach undeutlich, ein paar Zähne schienen ihm zu fehlen.

"Es ist überhaupt nicht mehr so wie früher. Früher habe ich viel mehr gefunden, ich meine unterschiedlichere Sachen, verstehen Sie: Kämme, Taschenmesser, Knöpfe." Er schüttelte den Kopf. "Seit ein paar Jahren finde ich vor allem Geld."

"Geld?"

"Ja, ja, Münzen, Pfennige, Groschen." Während er sprach, suchte er mit den Augen den Boden ab.

"Was machen Sie damit? Ich meine, nicht mit dem Geld - mit den anderen Dingen."

"Ich sammle alles, sagte ich doch. Interessiert es Sie?" Plötzlich sah er ihn direkt an. Seine Augen wanderten über Alexanders Kleidung. "Wenn Sie wollen, können Sie meine Sammlung sehen. Es kostet 10 Mark Eintritt." Er grinste. Die oberen Schneidezähne fehlten alle. "Es ist gleich hier."

Alexander folgte dem Alten in die dunkle Erichstraße. Hier gab es kaum Kneipen, deren Lichter die Straßen zusätzlich erhellt hätten. Er betrachtete die rußigen Backsteinfassaden und konnte sich nicht vorstellen, daß hier Familien mit Kindern wohnten. Vielleicht waren alle Wohnungen leer, die Fenster nur zur Tarnung mit Gardinen behängt, und es gab städtische Angestellte, die regelmäßig durch die Räume gingen, Licht machten, um Leben vorzutäuschen.

Der Alte ging gebückt vor ihm, bis er an einem Kellereingang stehenblieb. Das Haus roch nach Urin.

Schon von der Tür aus waren in der Dunkelheit Berge von Zeitungen und übereinandergestapelte Kartons zu erkennen. Der Alte machte Licht, schloß die Tür hinter Alexander, zwängte sich wieder an ihm vorbei und breitete die Arme aus. "10 Mark und ich zeige Ihnen, was Sie wollen."

In der Hein-Hoyer-Straße war auf dem Balkon des zweiten Stocks die aufleuchtende Glut einer Zigarette zu erkennen. Die

Frau drückte die Zigarette auf dem Balkongitter aus. Ein dünner Funkenregen rieselte auf ihre halbhohen Stiefel. Dann ging sie zurück in das Wohnzimmer und betrachtete mit kalten Augen den nackten, schlafenden Mann auf dem Sofa, der nicht der ihre war, und den sie jetzt so leicht hätte töten können.

Alexander gab dem Alten das Geld. "Zeigen Sie mir etwas, auf das Sie stolz sind."

Der Alte führte ihn zu einer schiefstehenden Kommode. Nach mehreren Versuchen gelang es ihm, die mittlere Schublade ein Stück zu öffnen.

"Kommen Sie, schauen Sie. So etwas gibt es nicht mehr. In den fünfziger Jahren konnte man das noch häufig finden, aber heute kein Stück mehr. Die Schublade war mit roten, rostigen Fahrradrücklichtern gefüllt.

"Sie sind bestimmt der einzige, der eine solche Sammlung besitzt."

"Ja,ja, das ist wahr."

Alexander mußte mithelfen, die verklemmte Schublade zu schließen.

"Wissen Sie, mit Kämmen ist es ähnlich. Herrenkämme, wenn Sie verstehen. Bis Mitte Sechzig ein gutes Geschäft, aber versuchen Sie mal, heute einen zu finden." Zielsicher hatte er aus der Mitte mehrerer abgegriffener Kartons einen herausgezogen und ihn vor Alexander ausgeschüttet. Er sah auf einen Haufen verschmutzter Kämme herab, denen zum Teil die Zinken fehlten.

"Was ist bloß aus den Menschen geworden?"

"Ja, ja". Alexander ahnte nur, was der Alte gemurmelt hatte. Er grinste in sich hinein. Schade, daß er das alles nicht Kathrin erzählen durfte. Sie wäre niemals dem Alten gefolgt, selbst gemeinsam mit ihm nicht. Er war froh, daß er sich seine Neugier und seinen Mut erhalten hatte. Ob Andree den Alten und seine Schätze kannte? Wahrscheinlich. Obwohl Bettler immer einen Bogen um sie gemacht, manchmal sogar die Straßenseite gewechselt hatten. Und in Andrees Begleitung hatte keine Prostituierte gewagt, ihn anzusprechen.

Es waren sechs oder sieben Kellerräume, in die Alexander hineinsehen durfte. Im letzten befand sich die Matratze, auf der der Alte schlief. Neben seinem schmutzigen Lager stand ein großer alter Küchenschrank.

Der Alte tänzelte plötzlich wie ein Kobold um den Schrank herum und legte einen Finger auf den Mund, dann zog er eine Schublade auf, und Alexander erblickte eine Reihe von Ausweisen und Pässen. Bevor er danach greifen konnte, war sie wieder geschlossen und eine andere mit Taschenmessern geöffnet und wieder geschlossen. Auf diese Weise sah er noch verbogene Gabeln, Bleistiftstummel, Gebißteile und Knöpfe. Alexander staunte über die plötzliche Beweglichkeit des Alten.

"Halt, was ist das Wertvollste, das Sie gefunden haben?"

Der Alte sah ihn einen Augenblick verwundert an, dann lächelte er, bückte sich zu seiner Matratze und zog einen Stapel Briefe hervor, die von einem Gummiband zusammengehalten wurden. Er küßte sie.

"Er hat sie an Maria geschrieben. Aber ich weiß schon, woran Sie denken. Warten Sie und bewegen Sie sich nicht von der Stelle."

Er versteckte die Briefe, verschwand in einem Nebenraum und stand gleich darauf mit einem kleinen grauen Karton in der Tür. Er hielt ihn fest in seinen Händen, öffnete ihn ein wenig und ließ Alexander aus der Entfernung einen Blick auf glitzernde Armbänder und Ketten werfen.

"Glauben Sie es nicht. Es ist nicht viel wert. Ich werde Ihnen das beste Stück meiner Sammlung zeigen." Er verschwand mit dem Karton, kam mit einem Kamm zurück, setzte sich stöhnend auf seine Matratze und goß aus einer Flasche etwas über den Kamm. Der Kampfergeruch verstärkte sich. Dann kämmte er sich mit der Flüssigkeit die Haare.

"Was ist das wertvollste Stück Ihrer Sammlung?"

“Ach, mal dies, mal jenes.” Der Alte schien ihm nichts mehr zeigen zu wollen.

“Haben Sie auch Schlüssel?”

“Pah, dort.” Er wies auf eine große Holzkiste. Alexander hob den Deckel. Sie war randvoll gefüllt.

“Ich habe auch einen Schlüssel gefunden.”

“Nein, nein, das geht nicht. Sie können ihn da nicht reintun. Er würde stören. Ich weiß, wo ich jeden Schlüssel gefunden habe. Bei Schlüsseln gibt es keine Saison. Wollen Sie eine Uhr?” Er legte seinen Kamm zur Seite und schleppte einen Schuhkarton mit Armbanduhren heran.

“Sehen Sie diese. Ich fand Sie 1959.” Er zog sie auf und hielt sie ihm ans Ohr. “Wertarbeit, was? Wenn ich heute eine Uhr finde, ist sie bald tot. Wollen Sie eine?” Er hielt ihm eine Handvoll Digitaluhren entgegen. Alexander schüttelte den Kopf.

“Warum verkaufen Sie die Sachen nicht?”

“Alles kommt wieder zurück.”

Er zog einen großen Umzugskarton heran. “Hier habe ich vielleicht etwas für Sie.” Auf kleingeschnippseltes Zeitungspapier war ein hochhackiger Damenschuh mit Leopardenmuster gebettet.

“Wo ist der zweite?”

Der Alte hob die Schultern. “Der Absatz war ab. Ich mußte ihn wieder ankleben.”

“Sie wollten mir das beste Stück Ihrer Sammlung zeigen.”

“Wie wäre es mit Nägeln oder Schrauben? Ich habe schöne Stücke.”

Alexander schüttelte den Kopf.

“Fotos?”

“Vielleicht.”

“Ich zeige Ihnen meine Münzen.” Der Alte lief hektisch hin und her, klopfte an Kartons, zog Zeitungen hervor, las die Überschriften und hielt schließlich das Nummernschild eines Autos in der Hand. Es stammte noch aus der Besatzungszeit. Er drückte es Alexander in die Hand.

"Können Sie es mitnehmen?" Er senkte den Kopf. "Verstehen Sie, ich habe es abgeschraubt. Diese Frau hat mich angesehen, als wäre ich ein stinkender Hund. Als sie weg war, habe ich ihr Schild abgeschraubt. Ich war jung. Nehmen Sie es mit. Verstehen Sie, Sie müssen es mitnehmen! Ich habe es nicht gefunden. Es ist gestohlen."

Er drängte Alexander zurück zum Eingang des Raumes, blieb stehen und murmelte: "Na gut, das meiste ist wahrscheinlich erst gestohlen und dann verloren worden." Er nahm ihm das Schild wieder ab. "Gut, bleiben Sie da stehen, ich zeige es Ihnen." Er ging zu dem Küchenschrank, öffnete die oberen Flügeltüren einen kleinen Spalt und sah sich nach Alexander um. "Bleiben Sie dort stehen!" Er öffnete die Türen ganz und trat zur Seite.

Alexander runzelte die Stirn. "Was ist das?"

In dem Schrank stand ein hohes Einmachglas mit einer trüben Flüssigkeit. Er trat einen Schritt näher und der Alte hob abwehrend die Arme. In dem Glas schwamm eine Hand.

"Sie - sie ist echt?"

"Ich habe sie hinten beim Spielplatz unter einem Busch gefunden und eingelegt, damit sie sich hält. Spiritus, verstehen Sie?"

Die Hand war mit einem glatten Schnitt vom Arm getrennt worden.

"Sie hätten zur Polizei gehen müssen. Sie müssen sie hinbringen!"

Der Alte sah ihn müde an.

"Ach. Wissen Sie nicht, was mit Fundsachen bei der Polizei passiert? Nach einiger Zeit bekommt der Finder sie zurück."

6

Auf der gegenüberliegenden Straßenseite huschte eine Ratte die bröckelige Hausmauer entlang und verschwand in einer Kasematte.

Alexander ahnte, was der Maurerbottich und die Steine vor dem Kellereingang des Alten zu bedeuten hatten. Wenn seine Kräfte schwinden, würde er beginnen, sich in seinem Keller samt seiner Sammlung einzumauern, den Bottich anschließend mit Spiritus füllen, sich hineinlegen, den Kopf noch über der Flüssigkeit und warten.

Er hob einen kleinen Stein auf und versuchte, ihn in die Kasematte auf der anderen Straßenseite zu werfen, traf aber nicht. Das Haus lag in völliger Dunkelheit. Wo mochte die Ratte jetzt sein? Im ersten Stock, vielleicht schon unter dem Dach? Er sah hinauf und glaubte, eine Bewegung an der Dachrinne wahrzunehmen. Das Licht im Hauseingang schaltete sich ein und eine Frau trat so schnell aus der Tür, als hätte sie dort im Dunkeln gewartet und ihn beobachtet.

"Verschwinde", rief sie. "Mach, daß du weiterkommst. Helga ist nicht da!"

Er zuckte mit den Schultern und wandte sich zum Gehen. Zwischen den Häusern der nächsten Straßenkreuzung tauchte eine Gruppe grölender Jugendlicher in schwarzen Lederjacken auf. Einer von ihnen warf eine leere Flasche hinter sich, die auf dem Pflaster zersprang. Ein Mann folgte ihnen, umging die Scherben und geriet in den Lichtkegel einer Laterne. Er trug ein grünkariertes Jackett. Abrupt drehte Alexander um und ging in die andere Richtung.

Die Frau stand noch auf der anderen Straßenseite.

"He, hast du mal Feuer?" Sie hielt ihm eine Zigarette entgegen. Er griff in die Hosentasche nach dem Feuerzeug und vergewisserte sich mit einem raschen Blick, daß der Karierte verschwunden war. Die Frau trug eine engsitzende schwarze Hose und eine rosafarbene Bluse, aus der ihre Brüste quollen. Er reichte ihr das Feuerzeug. Im gleichen Augenblick verzerrte sich ihr Gesicht, und sie spuckte nach ihm. Erstaunt betrachtete er den Schleim auf seinem Hemd.

"Ihr seid alle Schweine." Der Frau schossen die Tränen in die

Augen. “Entschuldigen Sie. Es tut mir leid. Ich bin...ich mach es Ihnen wieder weg.” Sie zog ein Taschentuch aus ihrem Hosenbund, öffnete es zitternd. Die Tränen liefen ihr über die Wangen, sie schluchzte, streckte ihm das Tuch hin und nahm es zunächst selbst, um sich damit die Nase zu schneuzen.

Dann gab sie ihm das Tuch. “Es tut mir leid, ich wollte das nicht. Bitte, es war nicht so gemeint. Ich wollte das nicht. Aber Sie müssen verstehen. Ich... hier, sehen Sie sich das an.” Schluchzend zeigte sie ihm ihren linken Unterarm. Eine lange, kaum verheilte Narbe. “Das war dieser Scheißkerl.”

Alexander wischte auf seiner Hemdbrust.

“Dieser Schweinehund. Oh, wie ich diese Kerle hasse. So sind sie alle, ohne Ausnahme. Verflucht seid ihr.”

Alexander schrie auf. Die Frau hatte ihn mit voller Kraft gegen das Schienbein getreten. Er hüpfte vor Schmerzen einen Halbkreis.

“Oh, bitte, bitte, es tut mir leid.” Die Frau war auf die Knie gegangen, umfaßte seine Beine, streifte die Hose hoch und küßte die schmerzende Stelle. “Es tut mir so leid.” Ein neuer Tränenstrom erstickte ihre Worte. Hilflos hielt er ihr das Taschentuch hinab. Sie nahm es, wischte damit seinen Unterschenkel ab und schneuzte sich dann.

“Bitte, bitte, seien Sie mir nicht böse.” Sie blieb vor ihm auf den Knien. Das blaue Augen-Make-up färbte ihr Gesicht, auf der Oberlippe glänzte Schleim.

“Ich hab doch gar nicht Sie gemeint. Ich wollte das nicht. Bitte, verzeihen Sie mir. Ich werde alles tun, was Sie verlangen, aber bitte, verzeihen Sie mir.” Sie wollte erneut seine Beine umklammern. Alexander wich einen Schritt zurück.

“Kommen Sie, stehen Sie auf.” Es war ihm peinlich. Was sollte jemand denken, der zufällig vorbeikam.

“Nein, erst müssen Sie mir verzeihen.”

“Es ist schon gut. Stehen Sie auf.”

Sie erhob sich schwankend, griff nach seinem Arm und wischte sich mit der Hand die Nase. “Kommen Sie, ich will es wieder gut machen, ich lade Sie zu einem Schnaps ein, was immer Sie wollen. Es tut mir so leid. Bitte, tun Sie mir den Gefallen. Ich weiß sonst nicht, was ich machen soll."

"Es ist wirklich in Ordnung, lassen Sie nur."

Sie hielt immer noch seinen Arm.

"Nein, ich bin Ihnen etwas schuldig. So dürfen Sie nicht gehen. Bitte, ich möchte Sie einladen." Sie versuchte zu lächeln. "Ich fühle mich sonst hundeelend. Sie müssen annehmen." Sie faßte ihn an der Schulter, küßte ihn leicht auf die Wange und zog ihn mit sich. "Hier gleich an der Ecke ist ein ruhiges Lokal. Bitte, tun Sie mir den Gefallen."

Er ließ sich führen. Sein Bein schmerzte.

Unterwegs schneuzte sie sich erneut ausgiebig und begann stockend zu erzählen, unterbrach sich, um ihr Gesicht zu säubern.

"Ich bin bloß eine schwache Frau, was soll ich machen gegen solche Kerle. Das kann doch keine Liebe sein, wenn so einer mit dem Messer auf einen losgeht und dann sagt, daß er einen liebt. Was soll man da machen? Aber das können Sie nicht verstehen, Sie sind einer von den Anständigen, das sieht man doch gleich; deshalb tut es mir so leid. Bitte seien Sie mir nicht böse. Ich mach das wieder gut."

Das Lokal machte einen bürgerlichen Eindruck und war recht leer. Sie setzten sich an die Theke und die Frau bestellte zwei Korn und zwei Bier. Der Korn kam sofort. Sie hob das Glas und lächelte ihm zu. "Was müssen Sie bloß von mir denken?"

"Ach, schon gut."

Der Wirt hatte scharfe Falten um den Mund und bestimmt ein schon einmal operiertes Magengeschwür. Jemand sagte: "Natürlich wissen wir, daß ein großer Teil der Goetheschen Werke gar nicht von ihm selbst stammt. Er hielt sich im Keller seines Hauses einen jungen Dichter gefangen, den er zum Dank für seine Arbeit regelmäßig vergewaltigte." Alexander versuchte, die Stimme unter den Gästen auszumachen. Der Wirt schob ihnen die nassen Biergläser hin.

"Prost, ich heiße Katja."
"Alexander."
Sie tranken. Der Wirt brachte die Kornflasche hinterher und schenkte nach. Dann schlich er gekrümmt zum anderen Ende der Theke, um auf einem Block zwei weitere Striche zu machen.

"Verstehen Sie, ich tue alles für ihn, und er ist so ein Schuft. Behandelt mich so, als wäre ich der letzte Dreck." Sie sprach leise und begann wieder zu schluchzen.

"Was soll ich bloß tun? Der bringt mich doch glatt um. Warum muß ich immer an solche Kerle geraten. Und dann auch noch da, wo es jeder sieht."

Sie streckte wieder ihren Arm mit der Narbe hervor.

"Wissen Sie, wenn er es irgendwo machen würde, wo man es nicht sieht, wär es ja nicht so schlimm. Mein Rücken ist voller blauer Flecke - mit der bloßen Faust - wumm, wumm, wumm - aber das macht mir nichts, soll er doch, der verdammte Scheißkerl. Oh, Gott, warum passiert mir das immer. Ich verstehe das nicht."

Sie tranken den zweiten Korn. Das neue Bier kam und Alexander trank hastig, um den Geschmack des Korns herunterzuspülen. Katja stützte die Arme auf die Theke und schwieg. Alexander betrachtete sie. Sie mochte noch unter dreißig sein. Sie war recht hübsch, trotz des verschmierten Gesichts. Ein bißchen zu ordinär gekleidet.

"Und ich liebe diese Kerle." Sie wandte sich ihm wieder zu. "Diese Scheißkerle, die mir nur Schmerzen zufügen. Aber so sind sie alle. Dreckige Hunde, ihr verdammten..." Sie versuchte, ihn mit der Hand ins Gesicht zu schlagen, aber er fing ihren Arm ab, hielt sie am Handgelenk fest.

"Beruhigen Sie sich."

"Nein, ich denke nicht daran. Scheißkerle! Misthunde!" Sie stieß mit dem Fuß nach seinem Barhocker. Er hielt sich krampfhaft an der Theke fest. Der Barhocker rutschte unter ihm weg.

Sie trat und schlug nach ihm, riß ihn an den Haaren und schrie: "Mistkerl! Haut doch alle ab! Schweine! Drecksäue!"

Er ging zu Boden, fühlte sich im gleichen Augenblick hochgezerrt und zur Tür geschoben. Der Wirt zog ihm die Arme zurück und drückte ihm schmerzhaft das Knie ins Kreuz.

"Raus hier. Typen wie dich können wir hier nicht gebrauchen."

Draußen bekam er noch einen Tritt in die Kniekehlen und schlug mit dem Hinterkopf auf dem Fußweg auf.

"Und wenn du Katja nicht in Ruhe läßt, werde ich persönlich dafür sorgen, daß du dein Gesicht nicht wiedererkennst."

Benommen blieb er liegen und schloß die Augen. Mit Andree wäre das niemals passiert. Dann betastete er seinen Hinterkopf, öffnete die Augen und starrte in Katjas verheultes Gesicht:

"Es tut mir ja so leid", schluchzte sie.

Stöhnend erhob er sich, stieß sie zur Seite und taumelte davon.

"Warte doch!" Sie lief ihm nach.

"Hau ab!"

"Bitte, warte doch, ich hab's doch nicht so gemeint. Du mußt mir verzeihen."

Er versuchte, Blut an seinen Händen zu entdecken, aber da war nichts.

"Ich bitte dich, bleib stehen. Verzeih mir."

Er drehte sich um. Sie war auf die Knie gefallen und streckte die Hände nach ihm aus.

"Bitte, komm zurück, schlag mich doch, mach mit mir, was du willst, aber verzeih mir", schrie sie.

Er begann zu laufen.

Sie schluchzte. "Oh, Gott, warum muß das immer mir passieren. Ihr Scheißkerle!"

Sie heulte wie ein Hund.

Alexander fragte sich, ob Kontaktlinsen einem solchen Tränenstrom standhalten würden.

7

“Laufen Sie nicht”, sagte der Mann und griff hart nach seinem Arm.

“Wer hier läuft, macht sich verdächtig.”

Der Mann ließ ihn los und griff mit beiden Händen nach den Revers seines grünkarierten Jacketts, rückte es gerade, dann lächelte er. Alexander wich zurück, murmelte “Danke”, ohne zu wissen, warum. Noch einmal sagte er Danke und versuchte, an dem Mann vorbeizugelangen, aber der verstellte ihm den Weg, schüttelte sanft den Kopf und lächelte, so daß zwei Reihen gleichmäßiger Zähne sichtbar wurden.

“Sehen Sie meine Zähne? Sie sind wunderbar, nicht wahr? Natürlich sind sie nicht echt. Vor etwa einem Jahr hat man mir meine Vorderzähne ausgeschlagen, und ich habe die Gelegenheit benutzt, sie alle ziehen zu lassen, um mir dieses Gebiß machen zu lassen. Es hat den größten Teil meines damaligen Vermögens gekostet.”

“Warum erzählen Sie mir das?”

“Ich möchte, daß Sie meine Zähne bewundern.” Er hatte aufgehört zu lächeln, und in seinen Augen blitzte die Faust, die Alexanders Zähne hätte ausschlagen können.

“Sie sind... Ihre Zähne sind wirklich gut”, stammelte Alexander.

Der andere lächelte wieder. “Sie sind ein Lügner. Sie gefallen Ihnen nicht. Ich sehe es Ihnen an.”

“Doch, sie gefallen mir, bestimmt.”

“Beweisen Sie es. Hier, fassen Sie sie an. Streichen Sie mit den Fingern darüber.”

“Das, das kann ich doch nicht tun.” Alexander wich zurück.

Der Mann griff nach ihm, zog ihn ganz dicht zu sich heran. “Tun Sie, was ich sage.” Er roch nach Salami.

“Lassen Sie mich los.”

“Sie kennen die Bedingung.” Er wechselte seinen Griff, packte Alexander an der Jacke und zog den Kragen eng um seinen Hals.

“Nun machen Sie schon.” Der Mann streckte ihm seine zusammengebissenen Zähne entgegen. “Berühren Sie sie!”

Zitternd streckte Alexander den linken Zeigefinger aus.

“Na los, nicht so schüchtern.”

Behutsam strich Alexander über die beiden vorderen Schneidezähne. In diesem Moment biß der Mann zu. Alexander schrie auf und versuchte verzweifelt, sich zu befreien. Der Mann ließ zwar die Hände von ihm, führte ihn aber rückwärtsgehend an dem eingeklemmten Finger. Er lachte ohne den Mund zu öffnen. Einige Meter stolperte Alexander hinter ihm her, dann war sein Finger frei, und der Mann umarmte ihn lachend.

“Ich hätte Ihren halben Finger abbeißen können, so gut ist mein Gebiß. Das wär eine schöne Mahlzeit gewesen. Sie meinen, Menschenfleisch schmeckt nicht? Oh, doch. Hier sehen Sie, hier.” Er drehte ihm das linke Ohr zu. Das Ohrläppchen fehlte. “Ich habe es mir mit dem Rasiermesser abgeschnitten und gegessen. Es war etwas zäh, aber vom Geschmack her nicht schlecht. Möchten Sie ein Stück von sich probieren? Ich habe mein Rasiermesser immer dabei. Vielleicht gebe ich Ihnen auch ein Stück von mir?”

Der Mann führte ihn mit festem Griff am Oberarm die Friedrichstraße entlang. Sein zugeknöpftes grünes Jackett spannte sich bei jedem Schritt über dem Brustkorb. Er war sicher älter, als es die glatte Gesichtshaut vermuten ließ.

“Die Frage ist nur, was könnten Sie mir dafür geben? Ich habe Sie beobachtet. Haben Sie ein Tauschobjekt?”

Alexander spürte, daß seine Arme zitterten. Er hatte Angst. Der Mann war ein Verrückter. Warum sah niemand, was mit ihm geschah? Nein, hier gab es keine Hilfe. In diesem Viertel war jeder auf sich allein gestellt. Das Rezept zu überleben, war, sich als Gleicher unter Gleichen auszugeben: Dem Säufer den Säufer vorzuspielen, dem Enttäuschten die eigene Enttäuschung entgegenzusetzen, dem Polizisten den Ordnungsliebenden zu demonstrieren, den Kriminellen zu bewundern, dem Schläger die eigenen Wunden zu zeigen. Aber dem Mörder die eigene Mordlust offenbaren? Er war auf dem besten Wege, zum Opfer zu werden, auch hier jene Rolle einzunehmen, die sein Leben bestimmte. Entscheidungen zu fällen war nicht seine Sache. Immer hatte er so lange gewartet, bis ein anderer entschied, bis Kathrin entschied, bis es nur noch eine Möglichkeit gab. In seiner Firma war es das richtige Verhalten, um langsam aber sicher nach oben zu kommen. Aber hier war es klar, daß Menschen wie er ermordet wurden.

Sie näherten sich der belebteren Davidstraße, dort mußte es möglich sein, mit einem Trick, einer Ablenkung, zu entkommen. Alexander sah an dem Mann herab, an seiner grauen, glänzenden Lederhose, den dünnen, gerundeten Schuhen in der gleichen Farbe, die über die Steinplatten des Fußweges tänzelten ohne die Spalten dazwischen zu berühren, und erwartete, daß sich zwischen Hosenrand und Schuhen die Socken zeigten. Aber was er als rosafarbene Socken registriert hatte, waren nackte Füße. Ob Andree manchmal noch im Regen Motorrad fuhr, ohne etwas unter die Ledermontur zu ziehen? Damals hatte er davon geschwärmt, war einmal erregt in seiner nassen Kleidung zu ihm gekommen und sie hatten gemeinsam onaniert. Das war ganz natürlich gewesen. Mit Kathrin zu schlafen wurde immer schwieriger. Sie schaffte es, daß ihm seine Lust vor ihr lächerlich vorkam.

Der Grüne grinste ihn an. Alexander überlegte, warum er ihm nicht einfach den Schlüssel gab.

“Warum haben Sie mich beobachtet?” Er versuchte, seiner Stimme einen festen Klang zu geben. Es galt, noch etwa dreißig Meter bis zu einer Touristengruppe zu überwinden.

“Ich biete Ihnen mein rechtes Ohrläppchen zum Probieren, und Sie faseln herum. Ergreifen Sie die Chance. Ein simpler Tausch. Na, was geben Sie mir dafür? Haben Sie nichts?”

“Sie sind verrückt.”

“O nein, das sollten Sie nicht sagen. Ich versuche, ein Geschäft zu machen.”

“Was wollen Sie?”

“Was Sie mir geben können. Überlegen Sie.” Er grinste und faßte ihn fester.

“Sie wollen den Schlüssel, nicht wahr.”

“Einen Schlüssel? Ich weiß nicht. Ist er etwas Besonderes?”

“Sie wissen es doch genau.”

Der Mann ließ ihn los.

“Nein, es genügt mir zu wissen, daß Sie ihn haben.” Er stellte sich auf die Zehenspitzen, sah auf ihn herab, dann tippte er hart auf Alexanders Stirn. “Aber im Grunde weiß ich gar nicht, wovon Sie reden. Sie scheinen mir nicht ganz richtig im Kopf.” Er zog aus seiner Jackettasche ein zusammengeklapptes Rasiermesser und hielt es ihm vors Gesicht.

In diesem Moment bog ein Mann in die Straße ein, den Alexander sofort als Carlo erkannte. Aufatmend lächelte er ihm entgegen.

“Als ich nach Hamburg kam”, sagte Carlo, “hat es Blut geregnet. Du hättest nicht auf mich warten sollen.”

8

“Ein Freund von mir, er ist ebenfalls Argentinier. Er sitzt jeden Abend hier in der Nähe in einem Lokal. Er kam mit dem Schiff nach Hamburg, damals, als noch die Generäle regierten.”

Carlo führte ihn die Friedrichstraße zurück in Richtung Hans-Albers-Platz.

“Auf dem Weg von seinem Schiff, noch im Hafen, hatte man ihn brutal überfallen, ihn niedergeschlagen, seinen Schädel zertrümmert, Rippen und einen Arm gebrochen und ihm sein gesamtes erspartes Geld geraubt. Monatelang haben die Ärzte im Hafenkrankenhaus um sein Leben gekämpft. Alle Zeitungen haben damals darüber geschrieben, denn der Täter war mit einem Hamburger Prominenten verwandt. Ich glaube, nicht die politische Situation meines Heimatlandes, sondern die Person des Täters hat bewirkt, daß mein Freund sehr schnell Asyl erhielt. Sein Geld übrigens blieb verschwunden. Als er aus dem Krankenhaus entlassen wurde, kreuzte er wie ein heimatloses Schiff durch die Stadt, bis er in einem Lokal hier in der Nähe so eine Art Hafen fand. Jeden Abend ist er dort, trinkt und geht auf und ab wie ein Tiger im Käfig. Vielleicht ist es auch eine Folge seines zertrümmerten Schädels, so wie seine Depressionen, die ihn zu einem Säufer gemacht haben. Mit der entsprechenden Menge Alkohol stürzt er sich geradezu todessüchtig in jeden harmlosen Streit, um ihn dann oft bis zur Schlägerei zu treiben."

Alexander ahnte, daß Carlo von sich selber erzählte.

Sie waren über den Hans-Albers-Platz gegangen, hatten die Lokale hinter sich gelassen und standen jetzt im dunkleren Teil der Straße vor einem roten Backsteinbau. Das Haus war vielleicht Anfang der sechziger Jahre gebaut worden.

"Kanntest du den Mann, mit dem ich vorhin gesprochen habe?"

"Möglich. Was wollte er von dir?"

"Ich weiß nicht, aber er hat mich schon den ganzen Abend beobachtet."

"Stimmt. Er steht hinter uns an der Straßenecke. Dreh dich nicht um. Ich würde ihm geben, was er verlangt, wenn es nicht gerade dein Leben ist, das gehört jetzt erst einmal mir."

Er lächelte.

"Ich bin nicht sicher, ob ich dir das Bild zeigen sollte. Es macht wirklich blind. Aber alle Bilder tun das, indem sie den Blick verstellen. Es gibt nur eine Möglichkeit, dagegen anzugehen: Als Maler muß man von Zeit zu Zeit alle seine Bilder vernichten."

"Tust du das?"

"Selbstverständlich. Soll ich darauf warten, daß sie mich vernichten?"

"Verkaufst du keine?"

"Was sollte ich dafür verlangen?"

Er schloß die Haustür auf und schob mit dem Fuß die Scherben einer Flasche von der Stufe. Drei Treppen höher, vor der eisernen Tür zum Dachboden, lag der dazugehörige Betrunkene zwischen den Seiten der Wochenendausgabe des Hamburger Abendblattes mit der Schlagzeile vom Flugzeugabsturz in Los Angeles. Unter seinem Kopf die Stellenangebote.

Carlos Wohnung im ersten Stock bestand aus einem kahlen Zimmer und einer engen Küche. An den schmutzigen weißen Wänden standen Kartons, in denen er seine Sachen aufbewahrte. Eine Matratze auf dem Fußboden, ein Stuhl, eine Holzplatte auf zwei Böcken - das war alles. Bilder waren nicht zu sehen.

Alexander mußte auf der Matratze Platz nehmen.

"Vielleicht solltest du mir dein Bild wirklich nicht zeigen. Ich verstehe nichts von Kunst. Ich werde dich enttäuschen."

Carlo zündete sich eine Zigarette an und blies den Rauch gegen die Glühbirne, die von der Decke herabhing.

"Ich mag Menschen wie dich eigentlich nicht. An der Stellung deiner Füße sieht man, daß du nicht in diese Wohnung gehörst. Dies ist nicht deine Welt, es ist meine. Du wohnst irgendwo in einer Vorstadt. Wahrscheinlich hast du Frau und Kind, und kommst nach St. Pauli wie in einen Zoo, um den Duft eines fremden und gefährlichen Lebens zu riechen und hinterher zu behaupten, du hättest Abenteuer erlebt. Deshalb kam ich vorhin, als ich dich beim Essen sah, auf die Idee, dir das Bild zu zeigen."

Er holte aus einem Karton eine geöffnete Rotweinflasche und verteilte ihren Inhalt auf zwei ehemalige Senfgläser.

"Und was ist jetzt?" fragte Alexander. Er fühlte sich müde und spürte den Alkohol, den er getrunken hatte. Warum hatte er sich auf all das eingelassen? Er hätte gleich zurückfahren sollen als Andree nicht auftauchte. Carlo hatte recht, dies war wirklich nicht mehr seine Welt, war es vielleicht nie gewesen. Normalerweise lag er um diese Zeit längst im Bett.

"Jetzt muß ich dir erzählen, warum ich dieses Bild gemalt - gebaut habe. Dann kannst du frei entscheiden, ob du es sehen willst."

Er reichte ihm den Rotwein.

"Ich bin mein ganzes Leben auf der Suche nach einem Bild, das ich nicht vergesse. Verstehst du, ein Bild, das sich so sehr in dein Gehirn einbrennt, daß du es von da an die ganze Zeit vor Augen hast, bei allem, was du tust und denkst. Solche Bilder soll es doch geben. Jedenfalls gibt es Geschichten, in denen solche Bilder eine Rolle spielen. Aber ich vergesse alle Bilder."

Er trank, stand auf und ging in dem kleinen Zimmer auf und ab.

"Weißt du, die Bilderflut, die täglich auf uns einstürzt, die scheinbar immer neuen Reize entpuppen sich doch nur als die alten.

Trotzdem bin ich süchtig nach Bildern. Jede Zeitschrift, jedes Buch blättere ich hastig durch. Ich mache Spaziergänge, nur auf der Suche nach Bildern, ich suche in den Schaufenstern, in den Gesichtern der Menschen, im Fernsehen - o ja, ich hab ein Gerät."

Er zog aus einem Karton einen kleinen, transportablen Fernseher und hielt ihn in die Höhe, dann versenkte er ihn wieder.

"Einmal eingeschaltet, kann ich ihn kaum wieder abstellen. Alles nur in Erwartung jenes einen Bildes, das ich nie mehr vergessen werde, das mir zum Zeichen wird, ein vollkommen anderes Leben zu beginnen, das mich aufsaugen, verwandeln und all die falschen Gefühle mit einem strahlenden, durch meinen Körper hindurchgehenden Blitz hinwegfegen wird."

Carlos Stirn zog sich in quälende Falten.

"Ich habe selbst zu malen begonnen. Dieses entsetzliche Handwerk, das dir alles abverlangt. Ich wollte dieses Bild selbst herstellen. Vielleicht war es ja in mir."

Er schwieg einen Moment und setzte sich vor seinen Tisch.

"Alles vergeblich. Die Gefühle, die alle Bilder in meinem Leben bisher ausgelöst haben, waren so kurz und erbärmlich, daß ich sie nicht einmal definieren kann, daß es sich nicht gelohnt hätte, ihnen nachzugehen. Dann sah ich ein Foto von Hiroshima. Der Blitz der Atombombe hatte Schattenbilder gemalt. Und da wußte ich plötzlich, wie ein Bild beschaffen sein muß, daß ein Mensch es sein Leben lang nicht mehr vergißt. Ich habe es gebaut."

Er stand auf und holte aus einem der Kartons ein kleines Gerät. Es sah aus wie ein Fernglas mit einem schwarzen Kästchen daran.

"Hier ist es." Er stellte es vorsichtig auf den Tisch, als handle es sich um ein Heiligtum.

"Ich habe selbst nie gewagt, hineinzusehen."

"Ich denke, du hast das Bild gemalt."

"Das Bild ist unwichtig, der Betrachtungsprozeß ist das Geheimnis."

"Wie schaut man hinein?"

"Man setzt es wie ein Fernglas an die Augen. Ich habe die Linsen entfernt. Du willst es sehen?"

"Was wird mit mir geschehen?"

"Du wirst für einen Augenblick ein Bild sehen, und es für den Rest deines Lebens nicht mehr vergessen können."

Er reichte ihm den Apparat und kniete sich vor ihn. Alexander nahm das Gerät und versuchte, aus der Entfernung in die Röhren zu gucken. Etwas leuchtete gelblich. In dem Augenblick, als er von nahem hindurchsehen wollte, griff Carlo danach und berührte einen kleinen Hebel, der zwischen den Röhren hervorragte. Mit einem trockenen Klicken schossen zwei spitze Nadeln hervor, die Alexanders Augen fast durchbohrt hätten. Erschrocken ließ er das Gerät fallen. Carlo fing es auf.

"Verstehst du?" Carlo sah ihn traurig an.

"Verstehst du, was ich meine?"

9

Die Reeperbahn und die Seitenstraßen zur Elbe hin waren gefüllt mit lärmenden dänischen Touristen. Den Grünen hatte er nicht mehr gesehen. Ein Irrer. Ein Spinner. Harmlos und kein Mörder? Natürlich - alles nur Einbildung. Alles Quatsch. Nur sein eigenes Hirngespinst, von reißerischen Zeitungsartikeln geprägt. Was hatten der Grüne und der Schlüssel schon miteinander zu tun? Nichts. Zufall. Alle waren hier irre. Alle nicht normal.

Alexander stand vor dem Schaukasten des Kinos, überlegte, ob er sich einen der Actionfilme ansehen sollte. Das wäre vielleicht der beste Abschluß für diesen vertanen Abend. Von diesem Viertel und seinen Menschen hatte er sich längst entfernt. Das hatte er hinter sich. Und die Verabredung mit Andree, war nichts anderes als der Versuch gewesen, die Zeit zurückzudrehen. Ein lächerlicher Versuch einstmals Angenehmes wiederholen zu wollen.

Andree hatte es wohl geahnt und war gar nicht erst gekommen. Stand jetzt vielleicht in einem kahlen Raum mit Blümchentapete und eisernem Bett einem nackten Mädchen gegenüber, bemalte ihre Brustwarzen kreisförmig mit einem Lippenstift. Sie lächelte sanft und zitterte leicht und dachte an ihre Mutter. Andree signierte mit raschem Strich ihre Schenkel.

Alexander war nur noch Besucher hier, Tourist. Er kam aus der Vorstadt, andere aus Dänemark. Der Unterschied war gering. Fremde am Ende der Welt. Durch Andree hatte er einmal einen Blick auf diese andere Seite werfen können. Das spärliche oder geschickt gesetzte Licht täuschte kaum über den Schmutz hinweg. Die stinkenden Hinterhöfe, die faulenden Häuser, die bettelnden Prostituierten, die giftigen und klebrigen Geschäfte, die selbstmordsüchtigen Betrunkenen und die nach bitterem Achselschweiß riechenden Freier. Aber er konnte jederzeit zurück, sich ausblenden aus diesem B-Film, in den er zufällig geraten war. Zurück, nach Hause in ein geordnetes Heim und alles vergessen wie einen beliebigen Fernsehfilm.

Das war es, was ihn von den Akteuren unterschied: er konnte den Arm heben, ein Taxi herbeiwinken. Die letzte Einstellung würde zeigen, wie er davonfuhr, dann die Kamera auf die zurückbleibenden Verlierer schwenken, die hier leben mußten. Danach kam nur noch der schnell ablaufende Nachspann mit den zahllosen Namen der Kleindarsteller. Zu unbedeutend und ohne Talent, ohne Chance, eine richtige Rolle zu spielen. Es war müßig, sich einen Namen merken zu wollen.

Im Licht des Schaukastens kontrollierte er seine Kleidung. Seine Hose hatte in Kniehöhe ein paar Flecken. Der Reißverschluß war offen. Er sah sich um, ob er beobachtet wurde und zog ihn hoch. Er lachte. Wie lange mochte er schon offen gewesen sein? Das war eine Spezialität von Mathias, einem Freund Andrees, auf Partys. Er stellte sich zu einer diskutierenden Gruppe und wartete, bis man seinen aus der Hose hängenden Schwanz bemerkte.

Mathias hatte er auch nie wieder gesehen. Kathrin mochte seine früheren Freunde nicht, bekam in ihrer Gegenwart Schmerzen im Unterleib. Wenn er mit ihr darüber sprechen wollte, ging sie jedesmal unvermittelt zum Telefon, sprach mit ihrer Mutter über die Pflege des Kräuterbeetes im Garten: Rosmarin, der ging ihr immer wieder ein.

Eine der Kinovorstellungen war zu Ende. Alexander reihte sich in die Herauskommenden ein, bog mit den beiden vor ihm gehenden Männern in die Davidstraße ein, benutzte sie als Deckung vor den Prostituierten. Vielleicht war Andree doch noch gekommen. Ein letzter Versuch. Die beiden vor ihm betraten einen Schnellimbiß und bevor er ausweichen konnte, hatte ihn ein großes, blondes Mädchen gegriffen.

"Kommst du mal mit?"

Er schüttelte den Kopf.

"Ach, komm doch mal mit."

“Nein, nein.”

Sie ließ ihn los und umarmte einen entgegenkommenden Mann. “Na, Süßer.”

Die nächsten Frauen lösten sich von der Hausmauer und versuchten, ihm den Weg zu verstellen.

“Hast du mal Zeit?”

Nein, nein, so nicht. Er wich zum Rand des Fußweges aus und grinste in sich hinein. Er stellte sich vor, es handle sich um eine Filmszene. Dann wäre er natürlich aufrechter gegangen.

“Kannst du mir mal helfen?” Sie war klein und dünn, trug diese glitzernden Strumpfhosen und versuchte einen unschuldigen Gesichtsausdruck.

“Was?”

“Oben in meinem Zimmer ist die Glühlampe kaputt. Ich krieg sie nicht raus.”

“Ich soll die Glühlampe..?” Ungläubig sah er sie an.

“Na, ja vielleicht magst du es ja auch im Dunkeln.”

Er schüttelte den Kopf. “Toller Trick, nein danke.” Er wollte gehen.

“Warte.” Sie sah ihn schweigend von oben bis unten an. “Ok, nur die Glühlampe.”

“Ist das dein Ernst?”

“Ja, ja.”

“Keine Tricks?”

“Bestimmt nicht. Nur die Glühlampe.”

Er wußte nicht, ob er ihr glauben sollte. Er kannte zu viele Geschichten von überfallenen und ausgenommenen Freiern. Oben wartete dann ein muskulöser Zuhälter, ein nasses Handtuch um den breiten Nacken geschlungen, nur ein T-Shirt auf der verschwitzten Haut, gerade aus dem Body-Building-Studio gekommen, bereit seine neu erworbenen Muskeln an ihm auszuprobieren.

“Tut mir leid, aber ich glaube dir nicht.”

Sie grinste breit, stellte sich auf die Zehenspitzen und küßte ihn auf die Wange. “Recht hast du.”

Als sie sich umdrehte, klebte sich ein Kaugummi unter ihre

grünen Pömps. Sie bemerkte es sofort, versuchte, es abzustreifen.

"Scheiße."

Das Kaugummi löste sich am Rand einer leicht vorstehenden Fußwegplatte. Sie ging zu Seite und ein Mann im eleganten Abendanzug nahm es unter der Sohle seines linken Lackschuhs mit. Morgen würde es schon weit fort sein.

Das Mädchen gefiel ihm mit ihrem mageren Gesicht und den kurzen schwarzen Haaren.

"Warum trägst du keine Perücke, wie all die anderen?"

"Ich habe niemanden, vor dem ich mich verstecken muß."

"Wie heißt du?"

"Cynthia."

"So heißen Frauen aus amerikanischen Romanen."

"Eben." Sie sah an ihm vorbei und beobachtete die Passanten. Es war kein abschätzender Blick, wie auf Kundensuche. Vielleicht stand sie unter Drogen.

"Was ist nun, hast du es dir überlegt?"

Ihr fehlte ein Stück des Mittelfingers an der linken Hand. Sie sah seinen Blick.

"Scheiße." Sie verdeckte den Finger. "Guck nicht so. Der ist mir abgebissen worden. Der Kerl hat ihn gefressen." Sie war wütend.

Er zog die Hand aus der Tasche und hielt ihr seinen blau angelaufenen Finger vor das Gesicht. Sie wich zurück.

Plötzlich schrie sie: "Geh nach Hause und fick deine Mutter!"

Sie drehte sich um. Er versuchte, sie festzuhalten.

"Hat er ihn wirklich gegessen?"

Es war ihm egal, daß die anderen Mädchen mit drohenden Schritten näherkamen.

"Ja", schrie sie und: "Hau endlich ab!"

10

"Albers" sollte der letzte Versuch sein, Andree zu treffen. Dort waren sie früher oft gewesen.

Er machte einen großen Umweg, um möglichst niemandem von seinen heutigen Bekanntschaften zu begegnen und vor allem, den Prostituierten auszuweichen. Er kam an der "Kajüte" vorbei, einer bürgerlichen Kneipe, in der es zu seiner Studentenzeit noch Weißbier für fünfzig Pfennig gegeben hatte, einen leckeren Heringstopf und Suppe mit Eierstock. Er verlangsamte seinen Schritt, um über die Scheibengardinen hineinzusehen. Es war voll und eng, und immer noch das gleiche bürgerliche Publikum. Der Heringstopf war nicht mehr auf der Speisekarte in dem beleuchteten Kasten an der Tür verzeichnet. Er ging weiter und stockte. Hatte nicht Andrees weißes Gesicht ganz hinten an einem Tisch geleuchtet?

Die "Kajüte" war voller Stimmengewirr und dichtem Rauch, der ihm fast die Luft nahm. Er kämpfte sich an der Theke entlang nach hinten, schlängelte sich an den Gesichtern vorbei und drückte sich entschuldigend zwischen zwei Frauen hindurch, von denen eine ihn lachend in die starken Arme nahm und neben sich wieder absetzte. Man schob ihn fast, ohne daß er selbst ging, bis zu den hinteren Tischen. Kein Andree. Jemand sagte: "Ich esse keinen Fisch mehr, und von Nieren habe ich mich mit einem tollen Essen schon vor zehn Jahren verabschiedet."

Jetzt blieb ihm nichts anderes übrig, als den mühsamen Rückweg zu versuchen. Wieder die beiden Frauen.

"Na, das hat dir wohl gefallen?"

Er lächelte höflich. Da war kein Durchkommen mehr, weil sich ihm jemand entgegendrängte.

"Kommen Sie, hier ist noch Platz." Ein Mann schob ihm einen Barhocker unter den Hintern. Er mußte sich setzen, um den entgegenkommenden Mann vorbeizulassen.

“Raum ist in der kleinsten Hütte”, begrüßte ihn sein Thekennachbar und winkte der Wirtin. “Erika, wir brauchen was zu trinken.” Erika balancierte zwei Suppenteller, und reichte sie über die Theke und die Köpfe hinweg weiter. Es roch intensiv nach Thymian.

“Nein, nein, ich wollte nichts.” Alexander hustete. Er hatte ein leichtes Schwindelgefühl. “Ich glaube, ich gehe besser raus. Mir ist nicht gut.”

“Trink erst mal einen, dann wird dir besser.” Der Mann roch nach Nelken, rief nach Erika und schnell hatte Alexander ein Bier vor sich stehen. Bittere Schwaden stiegen aus dem Glas, so daß er sich an der Theke festhalten mußte.

“Heute vor zwölf Jahren hat mich meine Frau verlassen. Prost!” sagte das blasse Gesicht mit den wässerigen Augen und dem starken Bartwuchs neben ihm, trank, zündete sich eine Zigarette an und blies Alexander fröhlich den Rauch in die Augen.

“Ich habe damals angefangen, alle Zwischenwände der Wohnung abzutragen. Das hat lange gedauert, weil ich jeden Stein einzeln in einer Einkaufstasche nach draußen tragen mußte. Es ist ja eine Mietwohnung, und es sollte nicht auffallen. Aber jetzt bin ich fertig.”

Alexander runzelte die Stirn. Der Mann war dünn und saß mit krummem Rücken auf dem Barhocker. Es sah aus, als würde er regelmäßig sein ganzes Geld hierlassen.

“Ich verstehe nichts von Architektur, aber hätte die Wohnung nicht längst zusammenbrechen müssen?”

Alexander versuchte, sich von seiner Übelkeit abzulenken. Er drehte den Kopf, um seinen Blick auf einem beliebigen Gast zu fixieren. Es gelang nicht. Etwas stimmte mit seinen Augen nicht.

“Darauf habe ich es ja angelegt, aber es ist noch nicht geschehen. Wissen Sie, andere stürzen sich von einer Brücke, werfen sich vor die U-Bahn, bringen sich mit Gas um oder rasieren sich elektrisch in der Badewanne - ich warte einfach darauf, daß das Haus über mir zusammenstürzt.”

"Haben Sie das wirklich gemacht?"

"Ja, hier sehen Sie." Er zog eine blaue Plastik-Einkaufstasche neben sich in die Höhe, öffnete sie, und Alexander sah einen weißen Mauerstein in der knochigen Hand hin- und herschwimmen.

Mühsam hob er das Bierglas an die Lippen, aber es roch so stark nach Galle, daß er es wieder absetzte.

Der Mann verstaute die Tasche zwischen den Beinen des Barhockers. "Architekten haben es leicht", sagte er, "sie können sich ein Denkmal bauen, und wenn es ein stinknormales Wohnhaus ist; aber die meisten müssen, so wie ich, etwas zusammenstürzen lassen, damit man ihr Leben bemerkt."

Er hob sein Glas, rüttelte Alexander, nötigte ihn, mit ihm zu trinken und legte vertraulich seinen Arm um ihn. "Mach dir keine Sorgen um mich, bei mir geht alles klar." Bierdunst und Rauch strömten aus seinem Mund und schlugen sich auf Alexanders Gesicht nieder. Sein Magen ekelte sich vor dem Bier, das wie ein kleiner Eisregen die Speiseröhre herabkam, und alles Blut aus dem Kopf herabzog. Alexander schwankte vom Barhocker, sagte etwas wie "Ich glaub, ich muß mal an die frische Luft", und wurde von einer Frau aufgefangen.

"Na, das muß dir ja sehr gefallen haben", blies sie in sein rechtes Ohr. Ihr helles Gesicht schwamm in einem dunklen Teich. Er konnte nur ahnen, daß es die gleiche war, an der er sich vorhin vorbeigezwängt hatte.

"Mir ist nicht gut."

Er hatte das Gefühl, sein Blut staue sich dort, wo sie ihn festhielt. Ihm schwindelte. Er konnte sich kaum aufrecht halten.

"Du bist blaß, soll ich dich an die frische Luft bringen?" Sie wartete keine Antwort ab, sondern zog ihn durch die Menge zur Tür.

"Ja, frische Luft", murmelte er und ließ sich willenlos führen. Die Geräusche verschmolzen zu einem dünner werdenden Brei. Draußen knickten seine Knie ein. Sie hielt ihn mit festem Griff aufrecht, dann zog sie ihn weiter. "Ich wohne hier gleich, da kannst du dich hinlegen", hörte er sie in weiter Ferne und bemerkte kaum, wohin sie gingen. Bloß nicht ohnmächtig werden.

Das war ein Kreislaufzusammenbruch, wie er ihn früher, zu Anfang seiner Studentenzeit, oft gehabt hatte. Jedesmal hatte sich langsam, wie im Kino, das Licht verdunkelt, ein taubes Gefühl am ganzen Körper eingestellt. Meistens gingen kalte Schweißausbrüche voraus. Dann war unter einem mühsam vorgebrachten Vorwand blitzschnelle Flucht nach draußen geboten - auf irgendwelche kalten Steinstufen in einem unbeobachteten Hauseingang. Zweimal war es ihm nicht gelungen zu fliehen. Im Foyer des Schauspielhauses hatte man ihn ohnmächtig vom Boden aufgehoben. Die Beine waren ihm weggeknickt auf dem Weg mitten aus der Vorstellung nach draußen. Aber bevor der Arzt kam, hatte er sich schwankend aufgerichtet und unter der wiederholten Beteuerung, es ginge ihm gut, davongemacht. Das zweite Mal war es unbemerkt geschehen, und er konnte nicht sagen, wie lange er in dem kalten Hofeingang neben der Kneipe gelegen hatte. Oft rettete er sich damals auf die Toilette, denn mit der zunehmenden Gefühllosigkeit verstärkte sich ein Druck auf den Darm. Dann saß er dort eingeschlossen mit heruntergelassenen Hosen und weit aufgerissenen Augen, damit die Dunkelheit nicht kam. Und während er auf diese beschämende Weise seine Ohnmachten bekämpfte, quälte ihn der Gedanke an die Gespräche der Zurückgelassenen, ihre Mutmaßungen über seine lange Abwesenheit, und, daß es ihm einmal nicht gelingen würde, das Bewußtsein zu behalten, dieses Bild der aufgebrochenen Toilettentür, und er mit halb ausgezogener Hose in der Nässe des gekachelten Bodens neben dem beschmierten Becken, hilflos.

Er spürte die Hände der Frau wie hölzerne Stützen unter seinen Armen. Er mußte sich dringend hinlegen.

Als er lag, wollte er die Augen vor allem verschließen, aber es gelang ihm nicht. Er fürchtete, der Schwindel würde zurückkehren. Starr sah er an die Decke des riesigen Raumes, während sie seine Stirn mit einer großen, aufgeschnittenen Zwiebel rieb und ihm das Hemd bis zum Bauchnabel aufknöpfte. Ich heiße Helga, hatte sie gesagt und sich rittlings auf ihn gesetzt.

"Gleich wird's dir besser gehen", flüsterte sie und fuhr mit der halben Zwiebel unter seine Gürtellinie.

"Wo sind wir?" Er versuchte, sich aufzurichten, aber sie drückte ihn nieder.

"Schön liegen bleiben. Das ist die Wohnung meines Vaters. Freitagnacht kommt er nie vor vier."

"Aber was ist das für ein Raum?"

"Ach, mein Vater! Er hat alle Zwischenwände der Wohnung entfernt. Er spinnt."

Der Zwiebelsaft rann von seiner Stirn, fuhr ihm zischend in die Augen, und als er sie schmerzend schloß, fühlte er, daß Helga bebte und der Boden schwankte.

11

Er befreite sich von dem fremden nackten Bein, stand auf, zog die Hose hoch und knöpfte sein Hemd zu. Helga war eingeschlafen und grunzte. Ihr Haar war strähnig zurückgefallen, und hinter ihrem Ohr glänzte eine entzündete Stelle.

Die Möbel in der Wohnung standen so, als wären die einzelnen Zimmer noch vorhanden. Er hätte sich gern gewaschen, aber selbst das Bad hatte keine trennenden Wände mehr, und in der Wanne stapelten sich die ehemaligen Zimmertüren.

Auf einem Küchenstuhl fand er seine Jacke, ein Messer und die andere Zwiebelhälfte lagen darauf. Auf dem Tisch neben schmutzigem Geschirr entzifferte er einen engbeschriebenen Zettel: "Wenn Ihre Katze noch einmal meinen Balkon betritt und ihre Notdurft in meinen Blumenkästen mit den Begonien verrichtet, werde ich zu anderen Mitteln greifen."

Er zog sich fertig an, ging durch die Wohnung und löschte alle Lichter, dann schlich er zur Tür. Im gleichen Augenblick klopfte es zaghaft.

Es war Katja. Überrascht sah sie ihn durch die schmale Türöffnung an. Bevor sie etwas sagen konnte, hatte er die Tür schon wieder geschlossen. Er ging zum Fenster, hob das Rollo an und sah in die dunkle Straße hinab. Es mußte das Haus in der Gerhardstraße sein, in dem die Ratte verschwunden war. Ein Mann stand mit dem Rücken zu ihm in der Mitte der schmalen Straße. Er trug das grünkarierte Jackett. Jetzt drehte er sich um, sah hinauf. Alexander ließ das Rollo zurückfallen und hob es nach einem tiefen Atemzug, der seine Brust nicht zu weiten vermochte, wieder ein wenig. Katja kam aus dem Haus. Der Grüne sprach mit ihr, dann gingen sie auf das Haus zu.

Alexander sprang zur Tür, zwängte sich ins Treppenhaus und schloß die Tür geräuschlos mit angehaltenem Atem, stieg die viel zu laut knarrenden Holzstufen des alten Treppenhauses hinauf, hörte die Haustür klappen, Stimmen unten, erreichte das oberste Stockwerk. Erst jetzt sog er laut rasselnd die Luft ein. Er drückte sich an die Wand in eine Nische und wäre fast rückwärts gefallen, als die Tür sich hinter ihm öffnete. Ein Raum mit Gerümpel. Der Dachboden? Hinter einem Schrank brannte Licht. Er horchte ins Treppenhaus und schloß leise die Tür, dann tastete er nach einem Schlüssel, fand ihn und drehte ihn herum.

"Das ist nett, daß Sie kommen."

Erschrocken fuhr er zusammen. Die rostige Stimme einer alten Frau. Ihr Gesicht konnte er nicht erkennen. Das Licht hinter ihr ließ nur eine breite gedrungene Figur erkennen, die Arme auf die Hüften gestemmt.

"Ich konnte sowieso nicht schlafen, aber ich habe Sie früher erwartet. Ich kann überhaupt nicht mehr schlafen, seit mein Mann tot ist. Haben Sie ihn noch gekannt? Natürlich nicht. Nun stehen Sie nicht so herum, kommen Sie. Wie werden Sie es tun?"

Sie verschwand hinter dem Schrank. Er hörte, wie sie sich stöhnend setzte.

"Was ist?" rief sie, "Oder wollen Sie sich anschleichen? Gehört das dazu? Trinken Sie doch einen Schluck."

Langsam kam er näher. Sie saß auf einem geblümten Ohrensessel, der bei ihren Bewegungen ächzend die Beine spreizte. Eine Stehlampe mit staubigen Trotteln an einem vergilbten Schirm beleuchtete einen kleinen Holztisch und einen weiteren Sessel. Kommoden und Schränke standen ungeordnet im Raum, als würde ein Umzug vorbereitet.

"Kommen Sie. Ich weiß Bescheid. Hat er es Ihnen nicht gesagt?"

"Wer, was? Ich verstehe nicht."

"Ach, tun Sie nicht so. Setzen Sie sich. Möchten Sie erst noch etwas trinken?"

Ihre Stimme war fest, aber ihr Blick klein und ängstlich in einem runden, aufgedunsenen Gesicht.

"Daß Sie nachts kommen würden, war mir schon klar. Nun setzen Sie sich endlich!"

Alexander setzte sich. Sie schob ihm eine Flasche und zwei kleine Likörgläser zu.

"Schenken Sie ein. Wenn Sie es dabei hineintun wollen, werde ich nicht hinsehen." Sie verbarg ihre Augen hinter einer grindigen Hand.

Er goß den süßlich riechenden Likör in die beiden Gläser. "Bitte!"

Sie nahm die Hand von den Augen. "Welches Glas soll ich nehmen?"

"Es ist gleich."

"Ist es in beiden Gläsern?"

"Ich verstehe nicht."

"Machen Sie es nicht mit Gift?" Sie hob ihr Glas, trank es in einem Zug leer, setzte es ab, lehnte sich zurück und schloß die Augen.

"Ich spüre nichts." Sie öffnete die Augen. "Sie trinken nicht? Es ist also doch in den Gläsern. Sie wollen es mir nur nicht sagen. Sie wollen nicht, daß ich es weiß. Ihre Berufsehre? Wie lange dauert es, bis es wirkt?"

Sie beugte sich vor und versuchte, ihm in die Augen zu sehen. "Sie sind ein seltsamer Mensch. Schweigsam. Aber ich habe nichts anderes erwartet. Bei Ihrem Geschäft gibt es nicht viel zu reden. Das Geld finden Sie dort im Schrank. Eine schwarze Teedose. Sie können es sich nehmen, wenn es soweit ist."

Sie lehnte sich zurück, und Alexander nippte vorsichtig an dem Glas. Es war ein süßer Mandellikör.

Sie beobachtete ihn.

"Es war also doch nichts drin. Ich spüre auch nichts. Sie wollen es anders machen, nicht wahr? Im Nebenzimmer habe ich die Küchenmesser, aber ich bin ziemlich dick. Sie müssen das dünne Schinkenmesser nehmen, es ist am längsten. Neben der Eingangstür finden Sie auch einen kräftigen Strick, wenn Sie wollen. Ich habe damit früher die Fenster im Schlafzimmer zugebunden. Wissen Sie, Manfred war Schlafwandler. Ich habe immer gedacht, er fällt einmal aus dem Fenster. Unnötige Sorge. Er wurde von einem Auto überfahren. - Oder machen Sie es mit bloßen Händen? Haben Sie vielleicht eine Pistole mitgebracht? Ich rede Ihnen zu viel, was? Oder wollen Sie, daß ich mich wehre, schreie?"

"Hören Sie, ich habe nicht vor, Sie umzubringen. Ich bin nur zufällig hier heraufgekommen. Das ist alles." Fast hätte er noch "Es tut mir leid" hinzugefügt, aber das schien ihm unpassend.

Sie sah ihn starr an, dann lachte sie. "Entschuldigung. Natürlich gefällt es Ihnen nicht, daß ich Bescheid weiß. Ich hätte meinen Mund halten sollen, was? Selbstverständlich sind Sie zufällig hier. Sie bestimmen die Spielregeln. Tun Sie einfach so, als hätte ich nichts gesagt. Möchten Sie, daß ich Angst habe? Noch einen Likör? Oh, Sie haben ja noch."

Sie lehnte sich zurück. "Sie können sich gern ein wenig umschauen, wenn Sie wollen."

"Sie sind im Irrtum. Ich bin nicht der, den Sie erwartet haben. Ich weiß davon nichts. Sehen Sie, ich war hier unten zu Besuch, und dann sah ich einen Mann ins Haus gehen, dem ich nicht begegnen wollte, und da bin ich hier heraufgekommen, um mich zu verstecken. Es ist wirklich nur ein Zufall."

"Es ist schon gut, Sie brauchen das nicht zu erklären. Tun Sie, was Sie wollen."

"Sie glauben mir nicht."

"Doch, doch. Sie wollten sich verstecken."

"Es ist ein Mann mit einem grünen Jackett. Er muß dreißig sein, aber er hat ein Kindergesicht. So ein Mann, vor dem man wirklich Angst haben muß. Er ist verrückt. Wissen Sie, ich habe einen Schlüssel. Er gehört ihm."

"Natürlich."

Es hatte keinen Sinn, die Geschichte zu erzählen, andererseits hatte er das Gefühl, der Frau erklären zu müssen, warum er sich überhaupt auf St. Pauli aufhielt.

"An der Angst sterben die Menschen, und Angst läßt sie überleben", hatte Andree gesagt. "Ich habe keine Angst, ich kenne sie nicht, und deshalb brauche ich Menschen wie dich. Sie sind für mich eine Art Seismograph. Ich kann an ihnen die Angst ablesen, die ich haben müßte."

"Verstehen Sie, ich möchte nur ein bißchen warten, bis der Mann wieder verschwunden ist. Ich glaube nicht, daß er mich hier suchen wird."

"Ja, natürlich."

"Ich war in der Nähe in einem Lokal mit einem alten Freund verabredet. Ich hätte gleich nach Hause gehen sollen, als er nicht kam. Aber dann dachte ich, es wäre ganz schön, hier einmal wieder herumzulaufen."

Die Alte nickte. Vielleicht konnte er sie davon überzeugen, daß er jemand anderes war, als sie dachte - und Zeit gewinnen. "Wissen Sie, ich war früher oft hier. Einmal habe ich am Gänsemarkt in einem Lokal ein Mädchen kennengelernt. Wir fuhren dann hierher und zogen die ganze Nacht durch die Kneipen. Am Morgen war Sonntag, Fischmarkt. Wir saßen in der Sonne auf der Hafentreppe und sie erzählte mir, daß sie aus einem Heim ausgerissen und erst fünzehn wäre. Sie wollte unbedingt, daß ich sie mit nach Hause nähme. Sie - sie wollte mit mir schlafen. Ich war nicht betrunken genug - wenn ich zu viel trinke, wird mir immer übel. Sie verstand mich nicht. Sie dachte, ich hielt sie für häßlich. Ich mochte sie wirklich, obwohl sie ein bißchen schielte, aber sie war erst fünfzehn!

In ihrer Verzweiflung schlug sie vor, ich könnte ein Handtuch über ihr Gesicht legen. Sie ließ mich nicht gehen, klammerte sich an mich. Dann weinte sie.

Ich glaube, das ist es, was mich wieder in dieses Viertel gezogen hat: der Wunsch, mich bei irgendjemandem zu entschuldigen. Dabei ist es fast zwanzig Jahre her. Aber ich schäme mich immer noch."

Er trank seinen Likör aus.

"Nein, ich glaube, es sind alle diese Frauen, die ich hier kennengelernt habe und mit denen ich mich nicht einzulassen wagte. Heute könnte ich das erst recht nicht tun. Einmal war es ein Mann, ein Holländer, ein Transvestit. Er stand neben mir in einem Lokal in der Großen Freiheit, das gibt es jetzt nicht mehr. Er erzählte und lachte den ganzen Abend, schüttelte seine langen blonden Haare, um mich zu beeindrucken, dabei war sein Leben eine einzige Tragödie. Wissen Sie, ich bin ein ziemlicher Angsthase und schüchtern."

Die Alte blickte ihn an.

"Natürlich, ich habe Sie nicht anders eingeschätzt. Das ist immer so. Ich verstehe das. Sie tun es aus Mitleid. Ich mache Ihnen keine Schwierigkeiten. Sie können es so tun, wie Sie es am liebsten wollen. Und sehen Sie, Sie haben in mir das richtige Opfer. Ich lebe schon lange allein, und es gibt wenige Dinge, an denen ich noch Vergnügen habe. Das Laufen fällt mir schwer. Wenn ich vom Einkaufen zurückkomme, schmerzt mein Rücken, daß ich jedesmal schreien möchte. Sehen Sie sich meine Beine an, das ist Wasser. Glauben Sie, ich habe noch ein Haar auf dem Kopf?"

Sie riß sich die Perücke herunter und zeigte ihren grindigen Schädel.

“Muß ich Ihnen noch von meinen Schmerzen auf der Toilette erzählen, dem schwarzen Blut im Klobecken? Es ist noch nicht das Schlimmste. Das Schlimmste ist hier drinnen.” Sie klopfte sich auf das Herz. “Leer, seit Jahren ist da niemand mehr. Sie sind alle tot, und ich bin geblieben, ohne Sinn und Schlaf. Wollen Sie, daß ich Ihnen alles erzähle?”

Stöhnend erhob sie sich, setzte ihre Perücke wie einen Hut auf und ging in das Nachbarzimmer. Er hörte sie eine Schublade aufziehen, dann kam sie mit einem langen Messer zurück. Sie drückte es ihm in die Hand.

“Da, stechen Sie damit zu. Oben in der Teedose sind Dreißigtausend.” Sie drehte ihm den gebeugten Rücken zu. “Machen Sie schon.”

“Nein. Sie sind wirklich im Irrtum. Es tut mir leid.”

“Bitte.”

Sie sah ihn lächelnd an. “Sie werden es tun müssen.”

Er schüttelte den Kopf. Ihre Augen wurden schmal, dann ging sie zum Fenster, öffnete es, beugte sich hinaus in den dunklen Hinterhof. Alexander sprang auf. Er befürchtete, sie wolle sich hinausstürzen. Sie atmete schwer.

“Wenn Sie es nicht tun, schreie ich. Ich schreie so laut, daß jemand kommen wird, und ich werde sagen, daß Sie mich umbringen wollten.”

Sie stützte ihre Hände auf das Fensterbrett und lehnte sich hinaus.

“Los, tun sie es, oder ich schreie.”

12

In der Kastanienallee waren zwei Straßenlaternen ausgefallen. Auf der Straßenmitte glitzerten Scherben. Alexander sah nach oben. Die zerbrochenen Plexiglasschalen der Lampen, die zersplitterten Leuchtstoffröhren waren das Ergebnis einer Wette. Die beiden Jungen in den Jeans und den schwarzen Lederjacken hatten mit Bierflaschen danach gezielt. Aber mit dem letzten Treffer hatte eine der Scherben dem Blonden die Kopfhaut zerschnitten. Das übermütige, trunkene Lachen war verstummt.

Ungläubig hatte er das Blut auf seinen Fingern betrachtet, während Andree mit schnellen Schritten herangekommen war, den verletzten Kopf zärtlich in seine Hände genommen, ihn leidenschaftlich geküßt und von dem Blut getrunken hatte, das die Stirn heruntertropfte. Sie waren betrunken gewesen.

Alexander stolperte, fing sich und sah sich um. Etwas lag da. Ein alter Mann, vielleicht betrunken, schlafend, zog jetzt brummend seine Beine an.

“Können Sie nicht aufpassen.” Eine kräftige Stimme zwischen der alten Schirmmütze und dem zerrissenen, langen Mantel. Er tastete zitternd nach einem kleinen Holzdeckel mit ein paar Pfennigen darin und richtete ein kleines Pappschild auf: Arbeitslos, Wohnungslos, Aussichtslos, Hoffnungslos. Danke.

“Wie spät ist es, verdammt.” Die Schirmmütze hob sich, und das Licht des Eingangs zur Prinzen-Bar zeigte ein großes Pflaster quer über der Wange und schwarz geränderte Augen. Der Alte war noch ziemlich jung.

“Na, egal, helfen Sie mir hoch.” Er versuchte, sich aufzurichten, stieß einen Schmerzenslaut aus und knickte in den Beinen wieder ein. “Verdammt, Sie haben mir das Bein gebrochen. Wie soll ich jetzt laufen können, hä?” Er griff nach dem Holzdeckel und schleuderte die Pfennige wütend auf die Straße. Dann griff er nach seinem Knie und fing an zu wimmern.

“Ich brauche wenigstens etwas Geld.” Er hielt ihm die Hand entgegen.

“Es tut mir leid, aber Sie lagen da so...”

“Ach, und wie soll ich jetzt nach Hause kommen. Ich brauche Geld für ein Taxi!”

Alexander griff in die hintere linke Hosentasche, dort befanden sich zwei Zwanzig-Mark-Scheine. Er fühlte einen und gab ihn dem Bettler. Die Hand mit dem Schein verschwand blitzschnell im Mantelinneren, kam wieder leer heraus und streckte sich ihm erneut entgegen. "Helfen Sie mir wenigstens hoch."

"Es tut mir leid, aber Sie lagen ausgerechnet an dieser dunklen Stelle." Alexander richtete den stöhnenden Bettler auf. Kaum stand er, umklammerte er Alexander fest und tastete ihn ab. "Da muß doch noch mehr Geld sein."

"Lassen Sie mich los."

Der Bettler ließ von ihm ab, lachte und verstaute das Pappschild und den Holzdeckel in seinem Mantel. Dann zog er die Mütze vom Kopf. Wirre blonde Locken fielen auf die Schultern. Auch die Mütze wurde im Mantel verstaut. Eine Blechschachtel nahm das Pflaster auf, das keine Wunde bedeckt hatte, und verschwand in einer der Taschen. Jeder Handgriff schien tausendmal geübt.

Schließlich wischte er sich mit einem fettigen Läppchen aus einer Schminkdose die schwarzen Augenränder ab. Elegante Lederslipper kamen zum Vorschein und wurden mit den zerissenen Stoffschuhen vertauscht. Am Ende zog er den Mantel aus und rollte ihn zu einem kleinen unscheinbaren Bündel zusammen.

"Gehen wir", sagte er lachend in Alexanders erstauntes Gesicht und nahm ihn am Arm. Die Verwandlung hatte nur Sekunden gedauert, und aus dem alten Bettler war ein neben ihm her tänzelnder Jugendlicher geworden. Plötzlich stoppte er. "Oh, das habe ich ganz vergessen." Er rollte sein Bündel ein Stück auseinander. "Ihre Brieftasche."

Alexander runzelte ärgerlich die Stirn und nahm sie ihm ab.

"Sie brauchen sie nicht zu öffnen. Es fehlt nichts. Außerdem haben Sie Ihr Geld ja über die Hosentaschen verteilt. Stimmts? Keine Sorge, es ist noch alles da."

"Sie sind mir ein schöner Bettler." Alexander sah mißtrauisch in seine Brieftasche. Es fehlte nichts.

"Das mit der Brieftasche war nur ein Scherz. Ich bestehle niemanden. Ich bettle nur, und das unter Aufbietung all meines Könnens. Wissen Sie, daß mein Abiturzeugnis eine Durchschnittsnote von 1,2 hatte? Mein Intelligenzquotient, falls Sie wissen, was das ist... ach, was hätte aus mir werden können... mit meinen mathematischen Kenntnissen waren meine Lehrer überfordert. Aber was hätte ich zum Fortschritt der Menschheit beitragen können? Hm? Nichts! Wir wissen doch heute, daß die ganze Richtung der Menschheitsentwicklung seit ein paar tausend Jahren in die verkehrte Richtung läuft...was erzähle ich Ihnen."

Schweigend gingen sie ein Stück die Kastanienallee in Richtung Davidstraße zurück.

"Mein Wagen steht unten am Hafen."

"Und jetzt betteln Sie. Warum?" wagte Alexander vorsichtig einzuwerfen.

"Meine Form der Verweigerung. Ich mache sie zur Kunst in höchster Vollendung. Ich habe sechs Verkleidungen. Ich garantiere Ihnen, daß Sie mich beim nächsten Mal nicht wiedererkennen. Außerdem, es lohnt sich ungemein."

"Ausgerechnet in der Kastanienalle mitten in der Nacht auf dem Boden zu liegen, das kann doch nicht viel bringen, da geht ja kaum jemand."

"Sagen Sie das nicht. Ich suche mir meine Opfer. Setze mich kurz vor ihnen unbemerkt auf den Boden, strecke mein Bein aus, lasse sie stolpern und bin schwer verletzt. Normalerweise geht das nicht unter dreißig Mark ab. Das macht in der Stunde hundertundzwanzig. Sie haben einen Nachlass bekommen. Ich mag Sie."

"Und wie ertragen Sie das, als Bettler angesehen zu werden?"

"Es ist ein Spiel. Ich spiele den Leuten etwas vor. Macht das nicht jeder? Ich meine, in seinem Beruf, überall. Man nimmt eine Rolle ein."

Er blickte in das Schaufenster eines Pornogeschäftes, beugte sich herab, um farbige Kondome genauer zu betrachten. Dann richtete er sich wieder auf und grinste Alexander an.

"Das war es übrigens, was mir an Ihnen auffiel. Sie spielen nicht die Rolle des St.-Pauli-Besuchers und nicht die Rolle eines

Anwohners. Sie strahlen etwas zielloseres aus, wie ein Fisch. Das sind die leichtesten Opfer.

Für mich ist St. Pauli eine besondere Herausforderung. Es gibt wenige Bettler, die sich hier behaupten können. Wenn hier jemand mit seinem Unglück Mitleid erregen will, muß er nachweisen, daß er ganz und gar unschuldig an seiner Situation ist. Wir sind hier schließlich in einem Vergnügungsviertel, in dem alle zu freiwilligen Opfern gemacht werden sollen. Aber ich bin nicht oft hier. Letzte Woche habe ich in Frankfurt als jugendlicher Beinamputierter gearbeitet, das war sehr angenehm."

"Soll das heißen, Sie reisen durch die Gegend, steigen in Hotels ab und..."

"Nein, nein, nur in den Großstädten. Im Herbst will ich auf jeden Fall wieder nach Frankfurt. Buchmesse. Und dann als Blinder vor dem Haupteingang. Das müßte doch funktionieren, was?" Er lachte laut. "In der Weihnachtszeit bin ich mit Sicherheit wieder hier - in der Spitalerstraße. Ein Bettler neben dem anderen und jeder spielt ein Instrument. Vielleicht stelle ich mich einfach nur mit einem Schild hin, auf dem steht: Ich kann leider kein Musikinstrument spielen. - Nein, nein, es muß noch etwas hinzukommen... Was würden Sie machen? Das heißt, wie müßte jemand aussehen, damit Sie ihm Geld geben?"

Kathrin gab immer, wenn sie bei ihren Einkäufen in der City einem Bettler begegneten. Danach befiel sie jedesmal eine aufgesetzte Fröhlichkeit. Sie hakte sich dann fest bei ihm ein, kaufte Butterkekse zum Tee am Nachmittag, schickte Thomas zu den Nachbarjungen und schlief mit ihm außer der Zeit.

Alexander hob die Schultern. "Ich weiß nicht. Es fällt mir überhaupt schwer, einem Bettler Geld zu geben, der nur so am Straßenrand sitzt. Diese Mützen und Blechbüchsen kommen mir immer vor wie ein Faß ohne Boden. Verstehen Sie, ich habe das Gefühl, mit meiner Spende nichts zu ändern. Ja, das ist es: ich will mit meiner Spende doch etwas ändern und nicht nur Ablaß erhalten, für meine geringe Bereitschaft, etwas gegen das Elend der Welt zu tun."

“Ja, ja, ich verstehe, Sie brauchen die spontane aktuelle Notlage. Etwa so: Man hat mir eben mein Geld gestohlen und meinen Hausschlüssel mit meiner Adresse daran. Ich glaube, jetzt wird bei mir eingebrochen. Könnten Sie mir das Geld für ein Taxi geben, damit ich schnell nach Hause fahren kann?”

“Ja, vielleicht so.”

“Nein, nein, das ist ganz schlecht. Einem solchen Mann würden Sie doch raten, zur Polizei zu gehen.”

“Ja, das stimmt.”

“Die Situation muß viel unglaubwürdiger konstruiert werden, um so glaubwürdiger erscheint sie dann.”

“Ist das Ihre Erfahrung?”

“Ja, sicher. Warten Sie, ich zeige es Ihnen.”

Sie bogen in die Davidstraße ein. Alexander konnte das Viertel scheinbar nicht verlassen. Immer, wenn er es versuchte, geschah etwas, das ihn zurückbrachte.

Der Bettler stand wippend an der Fußwegkante und beobachtete die Passanten. Aus einer Bar im Hochparterre dröhnte Musik. Ein dicker Mann kam im Rhythmus twistend die Treppen herunter, zwei geöffnete Bierdosen in den Händen. Ein Afrikaner folgte wütend und versuchte, ihm einen Tritt in den Hintern zu geben. Es mißlang.

“Da drüben die drei, die aus dem italienischen Restaurant kommen, die sind genau richtig.” Der Bettler zog Alexander mit sich und sie rannten schräg über die Straße.

“He, hallo, warten Sie mal bitte”, rief er laut. Die drei wandten sich ihnen zu.

“Wir haben eben etwas zu Blödes erlebt. Da kommt ein Mann auf uns zu und sagt, er wäre bestohlen worden, man hätte ihm seinen Schlüssel mit seiner Adresse daran geklaut, und nun müsse er schnell nach Hause fahren, weil die wahrscheinlich bei ihm einbrechen wollen. Naja, also wir geben ihm Zwanzig Mark für das Taxi und nun kommt’s: Jetzt wollen wir gerade selber nach Hause fahren und stellen fest, das war unser letztes Geld. Also sitzen wir selber in der Patsche.”

"Wieviel braucht Ihr denn", fragte einer der drei.

"Das ist das Übel: Wir wohnen leider ziemlich weit draußen, in Volksdorf. Das kostet rund 30 Mark."

Die drei sahen sich an. "Komm wir legen zusammen, jeder einen Zehner."

"Prima von Euch. Wirklich klasse. Uns fällt ein Stein vom Herzen." Der Bettler nahm das Geld, zog Alexander mit sich fort, drehte sich noch einmal nach den dreien um und rief: "Danke, wirklich prima von Euch. Echt toll!"

Bei der Friedrichstraße bogen sie um die Ecke, blieben stehen, und der Bettler schaute noch einmal vorsichtig zurück, aber die drei waren in die andere Richtung davongegangen.

"Drei selten dumme Exemplare, was? Schräg gegenüber war der Taxistand. Da hätten sie uns doch hinbringen müssen, was? Aber, wie ich es gesagt habe: Die Konstruktion einer unverschuldeten Notlage, in die man auch noch aus Mitleid geraten ist, und die sich mit dem gespendeten Geld sofort beheben läßt. Ich denke, wir haben drei Menschen glücklich gemacht. Teilen wir?"

"Nein, danke." Alexander wehrte ab.

"Es war Ihnen peinlich, was?"

"Na, ja."

"Wollen wir es noch mal probieren?"

"Nein, danke, bloß nicht! Ich glaube, ich schau noch zu 'Albers'." Er wies mit dem Arm in Richtung Hans-Albers-Platz. "Ich versuche den ganzen Abend, einen Freund zu treffen. Wenn er dort nicht ist, gehe ich nach Hause."

"O.K., ich komme ein Stück mit."

Die Straßen hatten sich geleert, kaum noch Prostituierte. Es war ruhig geworden, nur von der Reeperbahn her kam das Gröhlen Betrunkener. Bei "Albers" klopfte es heftig gegen die Scheibe. Die Gardine hob sich und Carlo winkte.

"Ihr Freund?" fragte der Bettler.

"Ich weiß nicht."

Sie standen vor dem Eingang wie zwei alte Freunde, die sich für lange Zeit voneinander verabschieden wollen. Schließlich zuckte der Bettler mit den Schultern. “Na ja, Sie kennen ja jetzt das Geheimnis des Erfolges.”

Alexander nickte und gab ihm förmlich die Hand.

“O.K., bis dann.” Der Bettler tänzelte davon, drehte sich noch einmal um und rief: “Und keine Namen bitte!”

13

Die Kamera hatte sich weit über die Dächer des verfallenen, nächtlichen Vergnügungsviertels erhoben. Hinter dem Kameramann auf seinem hydraulischen Sitz wandelte sich weit im Osten das dunkle Blau des Himmels langsam in ein helles Grau, das sich noch kaum vom Widerschein der Lichter über der City trennen ließ. Langsam schwenkte die Kamera nach unten. Neonschriften, blinkende Lampenketten und beleuchtete Reklametafeln illuminierten trotz ihrer Schatten die schäbigen Fassaden der zwei- bis dreistöckigen alten Häuser. Die verfallenen Hinterhöfe mit ihrem Schutt und den Mülltonnen waren nur zu ahnen und dort, wo die Höfe genutzt wurden, versprachen große, bemalte Pappwände Abenteuer, schöne Frauen und fremde Welten.

Ein sanftes Zischen kam von der Hydraulik. Die Kamera senkte sich, durchschnitt die Dächer, schwenkte nach rechts und gab den Blick auf den Innenraum von ‘Albers’ frei. Das war für Alexander das Zeichen, die Tür aufzustossen.

Carlo winkte ihn heran und goß sofort aus einer Sektflasche ein. Er deutete auf die beiden anderen am Tisch. “Das ist Wontroba, das größte Arschloch weit und breit.”

Wontroba grinste, legte den Kopf schief und strich sich mit der Hand über die picklige Stirn und das schüttere Haar.

“Das ist Scheibe, ein Fälscher, nur im besoffenen Zustand zu ertragen.”

Scheibe sah ihn mit glasigen Augen freundlich an.

"Und das ist Alexander, ein Blinder, Blender, Bluter. Übrigens, den Sekt hast du Scheibe zu verdanken." Er lachte laut. "Und die nassen Füße auch!"

Alexander versuchte, unter den Tisch zu sehen. Seine Schuhe standen in einer Pfütze.

"Was ist das?"

"Riechst du es nicht?"

Scheibe und Wontroba kicherten.

"Was ist das?"

Alexander wischte mit den Füßen in der Feuchtigkeit.

Carlo lehnte sich zurück. "Eine Wette. Scheibe fragte, ob wir ihm eine Flasche Sekt spendieren, wenn er dafür unter den Tisch pißt."

Alle lachten, und Alexander versuchte, die Füße weit unter den Stuhl zu ziehen, so daß nur noch die Fußspitzen den Erdboden berührten.

"Und jetzt," fuhr Carlo fort, "suchen wir einen für die nächste Flasche."

Die drei fixierten ihn.

"Ihr meint, ich sei dran?"

"Du hast es erfaßt."

"Ich glaube, ich sollte lieber den Platz wechseln."

"Entweder pissen, oder eine Flasche bezahlen," sagte Wontroba trocken. Alexander schüttelte den Kopf.

"O.K., dann zahlst du und ich mach es." Wontroba nestelte bereits am Reißverschluß seiner Hose. Alexander sah sich um, ob sie von irgendjemandem beobachtet wurden. "Komm hör auf mit dem Scheiß," sagte er.

In diesem Moment kam ein Mädchen von der Toilette auf sie zu. "Schweine sind das, was?" sagte sie, beugte sich zu ihm herab und sah ihm in die Augen.

"Das ist Eva," stellte Carlo vor. "Und das ist..."

"Alexander," ergänzte das Mädchen. Sie war ganz in Schwarz gekleidet.

"Woher..."

“Das ist lange her, was.” Sie stützte sich auf seine Stuhllehne. “Du erinnerst dich nicht. Typisch.”

Er verrenkte sich den Hals, um sie anzusehen. Ihr Gesicht war asymmetrisch, aber nicht häßlich. Eine Auge saß etwas tiefer und die Nase leicht schräg. Auch mit dem Mund stimmte etwas nicht. Sie gefiel ihm.

“Nein, ich weiß im Augenblick wirklich nicht. Aber ich sitze auf deinem Stuhl, nicht wahr?”

Sie küßte ihn auf die Wange. “Da setze ich mich sowieso nicht mehr hin. Das Schwein hat mich fast angepißt.” Sie strich ihm über die Haare. “Immer noch keine Ahnung?”

“Hilf mir mal auf die Sprünge.”

Eva schüttelte den Kopf, ging zur Theke, setzte sich auf einen Hocker und winkte Alexander heran. Wontroba pinkelte nicht, und Alexander stand auf, um Eva zu folgen. Es gab nichts an ihr, das ihn an irgendein Mädchen aus der Vergangenheit erinnerte. Sie hatte schwarze kurze Haare, und ihr Gesicht ging auf die dreißig zu. Es gab damals eine Menge Mädchen um Andree, von denen er sich kaum wahrgenommen gefühlt hatte. Alle blond und zu attraktiv, um sich mit ihm abzugeben; er war nur einer von denen, die über Andrees Witze lachten, ohne selbst etwas zur Unterhaltung beizusteuern. Er wagte einen Versuch: “Du warst mal blond, nicht wahr?”

Sie grinste.

“Hast du Andree gesehen?” stieß er nach.

Sie schüttelte den Kopf. “Den ganzen Abend noch nicht. Hast du eine Zigarette?”

Er holte die zerknitterte Packung heraus.

“Nein, ich will nur einen Zug. Zünde du sie an.” Ihr Blick war eine Spur zu liebevoll. Entweder war sie betrunken oder plante eine Gemeinheit. Er reichte ihr die brennende Zigarette. Sie wehrte ab.

“Nein, du sollst den Zug nehmen und dann die Luft anhalten.”

Er tat es, und sie rutschte vom Hocker herunter, presste ihre Lippen auf die seinen und sog seinen Rauch in sich hinein, dann stieß sie ihn gegen das Licht heraus. "Ich wußte, es geht. Nochmal!"

Alexander war überrascht einen Schritt zurückgetaumelt. Eva schwang sich wieder auf ihren Hocker und bedeutete Alexander, neben ihr Platz zu nehmen. Als sie ihn küßte, hatte sie sich zu ihm herabbeugen müssen. Sie war größer als er. Er setzte sich neben sie. Sie nahm ihm die Zigarette ab. "Du weißt immer noch nicht, wer ich bin, stimmt's?"

"Ich weiß nicht genau. Irgendwie schon." Sie sog an der Zigarette, beugte sich zu ihm und stieß den Rauch in seine Lungen. "Jetzt gegen die Lampe blasen!" Es funktionierte.

"Du hast mich immer noch nicht erkannt." Es klang, als wollte sie mit ihm schlafen. Sich erkennen war das entsprechende Synonym in der Bibel. Ob sie es wußte?

Jetzt sog er an der Zigarette, und sie nahm ihm den Rauch ab. Er fand Gefallen daran.

"Du bist ein komischer Kerl."

"Warum?"

"Ich mag dich."

"Warum?"

"Weil du ein komischer Kerl bist." Sie lachte, beugte sich zu ihm und küßte ihn ohne Rauch. "Liebst du mich?"

"Was weiß ich, was morgen ist." Er grinste. Es war ein Spruch von Andree.

"Ich hab auch nicht von der Ewigkeit gesprochen." Sie zog mit den Fingern seinen Hemdkragen auseinander und zupfte an seinen Brusthaaren.

Kathrin war auch so über ihn hergefallen, ohne ihm Zeit zu lassen. Es hatte ihm gefallen.

"Sekt! Eine Flasche Sekt!" schrie Carlo laut. Für einen Moment senkte sich der Geräuschpegel der Gespräche und Alexander konnte das Plätschern deutlich hören. Wontroba saß angespannt auf seinem Stuhl und hatte die Hände unter dem Tisch verborgen. Scheibe grinste irre in die Runde, stand dann schwankend auf und nahm die Sektflasche in Empfang, die von der Bedienung auf den Tresen gestellt worden war. Niemand schien etwas von dem Vorgang unter dem Tisch bemerkt zu haben.

“Ich bleib hier,” sagte Scheibe zu dem Kellner, “dort ist es mir zu naß. Die haben aus Versehen die letzte Flasche unter dem Tisch ausgekippt. Sie sollten das mal aufwischen.” Er bestellte drei Gläser und schenkte Eva und Alexander ein. “Die sind alle stockbesoffen,” sagte er zu Alexander. Carlo und Wontroba erhoben sich jetzt ebenfalls und kamen schwankend heran. Die Pfütze unter dem Tisch kroch langsam auf den Gang hinaus. Scheibe ließ noch zwei Gläser kommen.

“Gib mir auch einen Zug aus deiner Zigarette,” verlangte Carlo von Eva. Sie sog intensiv daran und reichte ihm ihren Mund. Er küßte sie umständlich und stieß dann den eingeatmeten Rauch aus. Alexander blickte zu Boden. Er hatte es für eine Sache nur zwischen sich und Eva gehalten. Für einen Moment wünschte er sich, er wäre genauso betrunken wie die anderen, aber dann hätte er sich längst übergeben müssen.

“He!” Eva berührte ihn leicht. “Du bist dran.” Sie nahm einen Zug, presste ihre Lippen gefühllos auf seinen Mund und stieß ihm den Rauch gewaltsam hinein. Bevor er ihn verächtlich herausblasen konnte, hielt sie ihm den Mund zu und verlangte den Rauch auf die gleiche Weise zurück. Alexander schüttelte wütend den Kopf und wich ihr aus. Sie lachte.

“Wir wollen ein Experiment machen,” schlug Carlo vor. “Wir bilden eine Raucherkette von Mund zu Mund. Mal sehen, wie lange sie anhält.”

Alexander bewegte sich vorsichtig von der Gruppe weg. Vielleicht war es das Beste, zur Toilette zu gehen, um nicht mitansehen zu müssen, wie Eva Wontroba, Wontroba Scheibe und Scheibe Eva auf diese Weise küßte.

“He!” rief Wontroba und griff nach ihm. “Wir brauchen dich dazu.”

Alexander zeigte auf die Toilettentür. “Fangt schon mal ohne mich an.”

Eilig ging er, stieß die Toilettentür mit dem Ellbogen auf und zog sie mit dem Unterarm am Griff hinter sich zu. Nur wenn es nicht anders ging, berührte er die Türklinke einer Toilette. Einmal, auf einer Autobahnraststätte, war es unumgänglich gewesen. Die Tür hatte sich nicht anders öffnen lassen.

Der stechende Geruch der Reinigungssteine in den Urinbekken umgab ihn. Es war noch etwas Säuerliches in der Luft, das stärker wurde, als er durch die Schwingtüren in den eigentlichen Toilettenraum trat. Eines der Urinbecken war angefüllt mit Erbrochenem. Fleischfasern und Kartoffelstückchen. Er spürte augenblicklich seine eigene Übelkeit und tastete nach dem Schlüssel. Er war noch da, in seiner Jackentasche in dem Papiertaschentuch. Schnell drehte er sich um und stieß mit dem Fuß eine der Kabinentüren auf. In der Kabine lehnte eine Mann mit bekleckertem Hemd schräg an der Wand und atmete pfeifend. Der Mann sah ihn durch halb geschlossene Augen an. “Bin gleich wieder O.K., bin gleich wieder O.K.,” lallte er. Dann lachte er mit verzerrtem Gesicht. “Dabei bin ich zum Pinkeln hergekommen, verstehst du?” Er nestelte an seiner Hose. “Ist gleich wieder frei.” Er holte seinen Schwanz hervor und zielte damit auf das Klobecken. Der Strahl ging darüber hinweg. “Kannst du mir einen Gefallen tun?” Der Betrunkene drehte sich zu Alexander um, ohne seinen Strahl zu stoppen. Alexander sprang zur Seite. Wenn er noch länger hier blieb, würde er sich selbst übergeben müssen. Es gab keinen Hinterausgang, um allem zu entfliehen. Er mußte in den Kneipenraum zurück, wo sich die drei mit ihrem stinkenden Atem, ihren verfaulten gelben Zähnen und pelzigen Zungen gegenseitig küßten. Sie würden ihn zwingen, mitzumachen, ihren schleimigen Speichel zu mischen bis eine neue chemische Substanz entstünde, die sich in das Fleisch ihrer Lippen fräße und sie faulen ließe.

“Mein Gott, Eva. Eva, wie kannst du so etwas tun?” murmelte er in den Spiegel. Er wartete, bis sich sein Gesicht verhärtete, dann schlenderte er mit gesenktem Blick durch Klo- und Kneipentür. Draußen stieß er den angehaltenen Atem aus.

Alles faul und verdorben. Er war wütend. Auf Eva. Auf sich selbst. Wie immer, wenn er den Abend mit Andree verbracht hatte und dann allein nach Hause ging, während Andree provozierend gleich mit zwei Mädchen abschob. Er grub in seinen Jackentaschen und stapfte zur Reeperbahn.

Sie hatten in einer Bar am Gänsemarkt gesessen, und Andree hatte ihm Dinge von sich erzählt, die er nicht wissen wollte. Es war wie eine Drohung gewesen, nachdem Alexander ihm Kathrin durch die Scheibe der Boutique gezeigt hatte.

"Ich will sie heiraten!"

Andree hatte nur genickt, als kenne er sie schon lange und ihn weggezogen.

"Wenn ein Messer auf einen gerichtet ist, soll das Herz schneller schlagen, genauso wie beim Anblick der Geliebten."

"He, Alex. Alex, warte!" Atemlos stand Eva vor ihm. "Warum gehst du?"

"Ich bin müde."

"Gut. Komm." Sie küßte ihn auf die Wange. "Komm mit zu mir. Du hättest mich viel früher von diesen betrunkenen Idioten erlösen sollen."

Es wurde hell.

14

Den aufbegehrenden Tag ausgesperrt durch dunkelgrüne Rollos.

In einem Zimmer drei alte Fernseher, die verzerrte Bilder zeigten, immer unterbrochen von dichtem Schneetreiben und dem Rauschen breiter Wasserfälle. Sorgfältig aufgearbeitete Möbel vom Müll.

"Wein?" Sie hatte die Flasche schon geöffnet.

"Du riechst irgendwie so..."

"Zwiebel."

“Ach so.” Sie stellte das Glas vor ihm ab. “Ich hatte mal einen Freund, der fürchtete sich vor einem Traum. Er träumte ihn wohl ziemlich oft. Er träumte von einer grünen flachen Geleescheibe. Sie war dick paniert und wurde kurz angebraten. Dann mußte er sie essen. Von seiner Übelkeit wachte er auf und mußte sich jedesmal übergeben.”

“Warum erzählst du mir das?”

“Ich weiß nicht. Es fiel mir so ein. Soll ich dir lieber einen Kaffee machen? Ich brauche den Wein. Habe mein Quantum noch nicht.”

“Nein, nein, ist in Ordnung.”

Sie sahen sich in die Augen. Sie setzte sich neben ihn auf’s Sofa, küßte ihn flüchtig, griff nach ihrem Weinglas.

“Zwiebel, sagst du? Ich habe eine Freundin, die schwört darauf, sich mit Zwiebelhälften einzureiben, wegen der Haut. Es soll schöne Haut geben und überhaupt gegen alles helfen. Ich weiß ja nicht...” Sie grinste ihn an: “Allerdings duscht sie hinterher.”

“Würde ich auch am liebsten tun.” Er senkte den Kopf, folgte einer Ranke im Blumenmuster auf dem Sofabezug, bis sie unter ihren Beinen verschwand, und spürte seine Müdigkeit.

“Dusch doch. An der Badezimmertür hängt mein Bademantel. Du kannst ihn anziehen.”

“Ja, wird wohl wirklich das Beste sein. Riecht es sehr?”

Sie nickte. Er erhob sich schwerfällig.

“In dem kleinen, weißen Schrank sind Handtücher.”

Das Badezimmer mit der Duschkabine war eng. Auf der Ablage über dem Waschbecken lag mitten zwischen Flaschen und Dosen ein alter, rostiger Hammer.

Das Gesicht im Spiegel war blaß, fast wächsern. Eines Tages würden seine Augenbrauen in die Augen wachsen. Schon jetzt mußte er ab und zu ein langes Haar abschneiden.

Er zog sich langsam aus, suchte eine Ablagemöglichkeit für seine Sachen, legte sie schließlich über das Waschbecken. Die Tür der Duschkabine mit dem geriffelten Acrylglas klemmte.

Als er sie schließlich aufgeschoben hatte, fiel ihm ein kurzes Beil mit rostiger Schneide entgegen. Der Holzgriff war feucht und seifenglatt. Rostflecken auf dem emaillierten Becken. Das Beil schien immer in der Dusche zu stehen. Er stellte es zurück. Wer weiß, wozu sie es benötigte.

Es war schwierig, das Wasser zu regeln, aber er betrat nie eine Dusche, bevor die Wassertemperatur nicht angenehm war. In einem Hotel in Bad Nauheim hatte er einmal den Warm- und Kaltwasserhahn verwechselt. Der kochendheiße Duschstrahl hatte seinen Bauch und vor allem seinen Penis getroffen. Trotz einer Salbe hatte ihm der leichte Schmerz der Verbrennungen während der dreitägigen Geschäftsreise tagsüber immer wieder Erektionen beschert. Er erinnerte sich deutlich an die Besichtigung einer Druckerei. Während des Rundganges hatte er mit der Hand in der Tasche seinen Penis niederdrücken müssen.

Alexander hörte unter der Dusche das Klirren nicht. Der Junge in der schwarzen Lederjacke hatte an der Hausmauer gelehnt und die Straße beobachtet. Dann war er zu dem parkenden Mercedes gestürzt, hatte die Seitenscheibe eingeschlagen, die Tür geöffnet, sich hineingebeugt, blitzschnell das Autoradio demontiert und unter seiner Jacke verborgen.

Jetzt schlenderte er schon wieder langsam wie ein zielloser Spaziergänger die Straße entlang und verbiß sich den Schmerz des umgeknickten Daumennagels. Das Geld würde gerade zwei Tage reichen.

Die Ärmel des gelben Bademantels waren zu kurz und kniffen in den Achselhöhlen. Er rieb seine Haare vor dem Spiegel und sah sich nach einem Fön um. Rechts neben dem Klobecken fand er einen schweren Hammer und schließlich den Fön. Er schaltete ihn ein, stellte sich vor, welche Muster jetzt über die Fernsehbildschirme jagen würden und zog den Stecker wieder heraus. Er kam sich zu eitel vor, außerdem stand ihm das vom

Handtuch wirre Haar ganz gut. Es verlieh ihm irgendwie einen dynamischen Ausdruck.

Eva lag in dem breiten alten Holzbett, hatte ein Bettuch bis zum Kinn stramm über sich gezogen. Die Deckenlampe gab ein grelles Arbeitslicht. Er wollte es ausschalten, aber sie schüttelte den Kopf. Er setzte sich auf die Bettkante. Sie lächelten sich unbeholfen an.

"Komm", sagte sie und hob ein wenig das Bettuch an. Er wollte den Bademantel elegant fallen lassen und mit einer schnellen Drehung unter das Tuch schlüpfen, aber die engen Ärmel und die feuchte Haut seiner Arme vereitelten seinen Plan. Schließlich mußte sie ihm sogar helfen und den Stoff festhalten, damit er seine Arme herausziehen konnte. Für ein paar Sekunden lachten sie wie Kinder. Sie hockte nackt auf dem Bett und hatte ihre schiefen Brüste vergessen, und er stand nackt davor und vergaß, seinen Bauch einzuziehen.

Dann lagen sie beide unter dem Bettuch.

"Was macht das Beil in der Dusche?"

Sie zuckte mit den Schultern. "Ach."

"Sag schon."

"Ich - ich habe immer Angst, daß jemand in die Wohnung kommt."

"Wenn du unter der Dusche stehst? Wie bei Hitchcock?"

"Nicht nur dann. Lach nicht, aber ich habe überall in der Wohnung Werkzeug oder Dinge in Griffnähe, so daß ich mich wehren kann. Es ist einfach eine ziemlich üble Gegend. Hier ist schon viel passiert."

"Und wo hast du hier etwas?"

"Da." Sie griff mit einer Hand hinter das Bett und hob eine kurze Eisenstange in die Höhe. Jetzt erinnerte er sich, neben der Eingangstür eine ähnliche Stange gesehen zu haben.

"Weißt du, ich denke mir, man muß darauf vorbereitet sein, daß plötzlich jemand in der Wohnung steht oder an der Tür klingelt, dich in die Wohnung drängt, und dann muß der andere derjenige sein, der überrascht ist und nicht man selbst.

Nur dann hat man eine Chance. Die bringen dich doch glatt um, nur wegen ein paar Mark."

"Ist dir denn schon mal was passiert?"

"Hast du die gegenüberliegende Wohnungstür gesehen?"

"Ja."

"Ist dir nichts aufgefallen?"

"Nein."

"Sie ist versiegelt."

"Wieso?"

"Da hat ein Mann gewohnt. Allein. Er ist tot. Vor einer Woche ermordet worden. Da hat einer geklingelt, ist reingegangen und hat ihn umgebracht. Peng. Aus."

"Und warum?"

"Seine Aktentasche fehlte, mit Papieren, Schecks, ein bißchen Bargeld." Ihre Hand kam unter dem Bettlaken angekrochen, als würde sie einer fremden, unter dem Tuch verborgenen Person gehören.

"Und du hast davon nichts bemerkt?"

"Ich war nicht zu Hause."

"Hast du seitdem die Werkzeuge verteilt?"

"Nein, schon immer."

Die fremde Hand wanderte über seine Brust.

"Und der Mörder?"

Sie zuckte mit den Schultern, benutzte die Bewegung, um mit der zweiten Hand nach ihm zu greifen. "Man weiß nichts, außer, daß er einen Schlüssel gehabt haben muß. Das ist der einzige Anhaltspunkt." Mit einem Ruck kam sie über ihn, küßte ihn und wischte ihre Lippen an seinem Brusthaar. Er strich ihr zaghaft mit den Händen über den unebenen Rücken voller Pickel.

Später, als er ihren Rücken vor sich hatte, sah er, daß es keine Pickel waren, sondern Unebenheiten unter der Haut.

15

Plötzlich war er hellwach. Hier oben. Nicht stürzen. Vor Nässe schützen. Er richtete sich auf. Sein Körper war schweißnaß.

Da war ein gleichförmiges Geräusch - als ob ein Schlachter auf seinem Bock mit einem Beil Fleisch zerteilt.

Eva lag zusammengekrümmt am unteren Ende des Bettes, den rechten Arm schützend über das Gesicht gelegt.

"Wenn man so aussieht wie ich, dann kann man rücksichtslos mit seinem Leben umgehen", hatte sie gesagt. Und: "Als ich noch jung war - so vor zehn Jahren - war mein Gesicht glatt, ohne die Säuferwangen, und niemand bemerkte die Fehler. Ich denke, sie machten mich sogar reizvoll."

"Und warum dann deine Angst, von einem Einbrecher umgebracht zu werden?"

"Ich bestimme über mein Leben, und niemand sonst."

Kathrin schlief nie in seinem Bett ein. Es war ihr zu unbequem. Einmal war er nachts aufgewacht, und sie hatte vor seinem Bett gestanden mit der Nachttischlampe in der Hand, als hätte sie damit zuschlagen wollen. Entschuldigend hatte sie etwas von einem wirren Traum gemurmelt, war nach unten gegangen, um mitten in der Nacht den Küchenboden zu schrubben.

Er wischte sein Gesicht mit dem Bettuch ab, das zwischen ihm und Eva lag, dann griff er nach dem Bademantel. Das Gehirn in seinem Kopf bewegte sich spürbar träge in seiner Flüssigkeit.

Das Geräusch des Fleischzerteilens ließ nicht nach. Es kam aus der Richtung des Badezimmers, drang durch die Wände, fing sich in den Spiralen der Bettfedern.

Vorsichtig stand er auf. Eva rührte sich nicht. Er legte sich den Bademantel um die Schultern und ging unsicher ins Badezimmer. Das Geräusch kam aus dem Hinterhof. Er klappte den Klodeckel herunter, stieg hinauf, um das kleine Fenster zu öffnen und hinauszusehen. Morgendämmerung mit verhangenem Himmel. Er beugte sich aus dem Fenster. Nichts. Das Geräusch kam aus dem Hinterhaus. Unter ihm öffnete sich qietschend eine Balkontür. Eine Frau trat in einem gelben, chinesischen Seidenmantel mit großen grünen Mustern auf den Balkon und begann, in Richtung des Hinterhauses zu schreien: "Ruhe da drüben!"

Sie stemmte die Arme in die Hüften. "Es ist noch nicht mal sieben!"

Das Geräusch blieb gleichbleibend. Die Frau griff in eine Plastiktüte, nahm eine Handvoll Blumenerde heraus und warf sie wütend gegen eines der Fenster im Hinterhaus. Das Geräusch brach ab, und das Fenster öffnete sich. Ein junger Mann mit blondem Haar sah heraus.

"Wissen Sie, wie spät es ist?" kreischte die Frau.

Der Mann winkte ab.

"Hören Sie sofort damit auf."

"Was ist los?" Der Mann schien nicht zu verstehen, daß er gemeint war.

"Mein Mann ist von der Nachtschicht nach Hause gekommen. Er braucht seinen Schlaf!"

"Und warum schreien Sie dann so?"

"Sie sollen aufhören mit dem Krach, verdammt!"

"Ich habe zu arbeiten. Lassen Sie mich doch in Ruhe."

Der junge Mann zog seinen Kopf zurück. Die Frau griff erneut nach der Blumenerde und traf in das offene Fenster.

"Spinnen Sie?" schrie der Mann wütend von drinnen.

Die Frau warf weiter in schneller Folge. Mit schützend vorgestreckten Händen kam der Mann wieder ans Fenster.

"Sie haben ja wohl eine Meise." Er schloß das Fenster. Die Frau nahm einen Blumentopf als Wurfgeschoß. Volltreffer, eine der Scheiben ging zu Bruch. Der Mann erschien mit rotem Kopf am Nachbarfenster. "Das werden Sie büßen. Ich komme rüber und bringe Sie eigenhändig um."

Die Frau zielte mit einem zweiten Blumentopf. Der Mann ging in Deckung und kam mit einem Metallrohr in der Hand zurück. Beide warfen gleichzeitig. Der Blumentopf zerschellte an der Hauswand und das Metallrohr fiel scheppernd in den Hof.

"Ruhe da unten!" Über Alexander hatte sich ein Fenster geöffnet. Inzwischen bewarfen sich die beiden mit allem nur Greifbaren. Ein zweites Fenster im Hinterhaus zersplitterte, und die Frau wurde von einer Handvoll Schrauben getroffen. Sie schrie auf. Ihr Mann trat hinter sie. Er hatte ein Luftgewehr in Hand, zielte und schoß. Plötzlich kam von oben eine Ladung Wasser herab und traf die beiden auf dem Balkon. Ein "Ich ruf die Polizei, wenn Sie nicht sofort aufhören!" folgte.

"Sie haben es gerade nötig", schrie die Frau. "Der da drüben - und mein Mann hat Nachtschicht, das kann doch kein Mensch aushalten hier. Jeden Samstag dieses Gedröhn. Wir wollen nur unsere Ruhe. Und Sie da oben...", sie drehte den Kopf hoch. Alexander ging in Deckung. "Sorgen Sie erst mal für Sauberkeit vor Ihrer eigenen Tür."

Der Mann von gegenüber hielt das Ende eines Schlauches aus dem Fenster, klemmte es am Scharnier ein und verschwand wieder. Gleich darauf schoß ein dünner Wasserstrahl heraus. Der Mann kam zurück, griff den Schlauch, quetschte ihn, bis sich ein scharfer Strahl ergab, der bis hinüber reichte. Der Mann und die Frau unter Alexander schleppten abwechselnd Gläser, Flaschen und kleine Gegenstände als Wurfgeschosse auf den Balkon, und unbeeindruckt von dem Wasserstrahl zielten sie recht gut. Daneben spielte sich der Kampf auch auf verbaler Ebene ab.

"Schweinehund!"

"Ihr elenden Spießer!"

"Verdammter, dreckiger Mistkerl!"

"Arschlöcher!"

"Ich schlag dich zum Krüppel!"

"Komm doch rüber und du erkennst deine Fresse nicht mehr!"

"Du elendes Dreckschwein!"

"Selber!"

Inzwischen waren weitere Anwohner an die Fenster gekommen, beteiligten sich mit Schimpfkanonaden, und einige griffen dann ebenfalls zu Gegenständen. Briketts, Tomaten, Eier und ganze Mülltüten flogen durch den Innenhof.

Nachdem ein paar Schrauben dicht neben Alexander an die Hauswand geprallt waren, schloß er das Fenster und ging leise zum Bett zurück. Er unterdrückte durch das Zukneifen seiner Nase einen Nieser, der sich mit Gewalt durch ein Prusten aus dem Mund befreite. Eva öffnete ihre Augen einen schmalen Spalt.

"Was ist los?" Es kam fast unhörbar.

"Schlaf weiter. Es ist bloß ein bißchen Krieg."

16

Er öffnete die Augen und erschrak. Der Wecker hatte nicht geklingelt. Wahrscheinlich war er zu spät dran. Jetzt konnte er nur hoffen, daß der Verkehr nicht zu dicht war, so daß er es noch schaffen würde. Er richtete sich irritiert auf. Hinter seiner Stirn hämmerte es. Kathrin...? Es dauerte einen Augenblick, bis er wußte, wo er war. Dann lächelte er. Schade, daß er sein Abenteuer niemandem erzählen konnte.

"Eva?"

Sie war nicht da. Er tappte in die Küche. Der dumpfe Schmerz in seinem Kopf ließ nach.

"Eva?"

Sie war nicht da, und er war froh darüber. Auf dem Küchentisch klemmte ein Zettel unter einer Flasche Martini.

"Ich mußte leider weg. Habe heute abend einen Job. Wenn du Kopfschmerzen hast, trink was davon. Das hilft besser als Aspirin. Ciao Eva.

P.S. Schreib Deine Telefonnummer auf."

Er zog seine Armbanduhr auf. 15.15 Uhr. Ob sie richtig ging? Im Wohnzimmer zeigte eine Pendeluhr die gleiche Zeit. Einer der Fernseher lief. Ein Comic mit einer sprechenden Biene. Er drehte lauter und schaltete dann, als er die quäkende Stimme hörte, ganz aus.

"Nein, liebe Eva, keine Namen, keine Telefonnummern, keine häßlichen Geschichten, nur eine kleine stumme Erinnerung."

Er ging zurück in die Küche, zog Schränke, Schubladen auf und untersuchte den Inhalt des Kühlschranks. Es gab nichts, was ihm als Frühstück gefiel. Schließlich goß er sich einen Schluck Martini in ein Wasserglas und trank. Er spürte die Flüssigkeit, bis sie den Magen erreicht hatte. Er grinste und goß nach. Das Rezept mußte er sich merken.

Diesmal stellte er das Beil nach draußen. Dann duschte er ausgiebig und untersuchte seinen Penis. Man konnte nie wissen. An den Oberschenkeln hatten sich einige winzige harte Pickel gebildet. Aber die kamen immer mal. Er schabte sie mit den Fingernägeln ab. Schließlich stellte er das Wasser ab, spülte die Duschwanne aus und betrachtete die schleimigen Haare im Abfluß. Waren es alles seine oder auch ihre? Er hatte am Anfang nicht darauf geachtet. Jetzt mußte er davon ausgehen, daß es seine waren. Mit einem Stück Klopapier wischte er angewidert den Abfluß sauber, dann warf er es in das Toilettenbecken, schob es mit dem Urinstrahl ins Wasser und spülte nach.

Nachdem er sich angezogen hatte, setzte er sich in die Küche und aß zwei Scheiben trockenes Knäckebrot. Dabei las er mehrmals Evas Zettel.

Er ging an eines der Fenster im Wohnzimmer, hob das grüne Rollo hoch, legte es sich über die Schulter und sah hinaus. Auf dem gegenüberliegenden Fußweg stand ein Mann mit einer Aktentasche unter dem Arm. Er zündete sich im Windschatten seines Körpers eine Zigarette an. Dann ging er weiter.

Alexander betrachtete das zerwühlte Bett im Schlafzimmer, stellte sich vor den aus rohem Holz gezimmerten Kleiderschrank, öffnete die Türen und strich mit der Hand über die Stoffe der sorgfältig aufgehängten Kleider. Einer der Kunststoffe blieb elektrisiert an seiner Hand hängen. Aus dem Hinterhof hallte der kurze Schmerzensschrei eines Kindes.

Er zog an der untersten Schublade der Kommode im Wohnzimmer. Sie war verschlossen. Er öffnete eine der beiden oberen und tastete mit der Hand unter die flach zusammengelegten Blusen und Unterhemden. Der schmale Schlüssel lag unter den T-Shirts.

Die untere Schublade enthielt eine Sammlung kleiner, unterschiedlicher Teddybären. An rosa Fäden hingen Namenszettel um ihren Hals. Er griff hinein, versuchte, wahllos einen unteren herauszuziehen, und spürte einen Stich. An seiner Handfläche hing ein kleiner Teddybär, der von einer langen Nadel durchbohrt war. Vorsichtig zog er die Nadel aus dem Fleisch seiner Hand, betrachtete den kleinen Widerhaken und den sich langsam bildenden Blutstropfen auf seiner Lebenslinie. Der Teddy hieß Volker.

Er entdeckte weitere Teddys, die mit Nadeln gespickt oder durchbohrt waren. Peter T. und Michael hatte sie an den Bäuchen aufgeschlitzt, Thomas schien mit einem Hammer bearbeitet worden zu sein. Der Kopf von Peter M. war von mehreren Sicherheitsnadeln zusammengedrückt. Er entdeckte Andree, zwischen den Beinen aufgeschnitten und zusätzlich am linken Arm durchbohrt.

Es waren 24 kleine Teddys. Nur wenige ohne Beschädigung. Alexander suchte nach Namen, die er kannte. Als er Carlo in seinen Händen hielt, klingelte es schrill an der Wohnungstür. Hastig schloß er die Schublade und versuchte, den Schlüssel an der gleichen Stelle zu verstecken, aber er rutschte ihm unter den Wäschestücken aus der Hand.

17

Der Türspion zeigte das breite, freundliche Gesicht eines Mannes mit Vollbart. Die Hände steckten neben dem deutlich geformten Bauch in den Taschen eines hellen Trenchcoats. Die wulstigen Lippen formulierten ein zaghaftes “Eva?”. Das Gesicht schwebte heran und versuchte, mit einem Auge durch den Türspion zu sehen.

Alexander öffnete die Tür einen Spalt breit. Das Gesicht des Mannes verlor seine freundliche Fassung. Er steckte einen seiner braunen, runden Schuhe zwischen Tür und Rahmen.

“Eva?” rief er über Alexanders Kopf hinweg in die Wohnung hinein. Dann schob er Alexander zurück, und einen Augenblick standen sie sich in dem kleinen Flur bedrohlich nahe gegenüber.

“Ist Eva nicht da? Was machen Sie hier? Wer sind Sie?”

Der Geruch von Tilsiter Käse und Zigaretten strömte Alexander entgegen. Eine leichte Schweißwolke kam aus der Brustöffnung des Trenchs, als er Alexander weiter in die Wohnung hineinschob. Alexander wich in die Küche aus.

Während der Dicke die Zimmer flüchtig inspizierte, setzte sich Alexander wieder an den Küchentisch und goß sich einen weiteren Martini ein. Freitags nachmittags wurde im Büro Cognac aus Kaffeetassen getrunken. Der Seniorchef hatte Alkohol verboten. Einer seiner Söhne war betrunken gegen den Pfeiler einer Autobahnbrücke gerast. Einmal im Jahr ging der Alte auf den Friedhof, zertrümmerte eine Schnapsflasche am Grabstein und drückte den zersplitterten Flaschenhals mit aller Kraft in die feuchte Erde. Später brachte sich der Seniorchef mit einer Flasche Whisky und Schlaftabletten um. Das Verbot aber galt weiter.

“Wo ist sie?” Der Dicke lehnte sich an den Küchenschrank und ließ seine Augen durch den Raum wandern, als suche er ein Zeichen von Evas Anwesenheit.

Alexander zuckte mit den Schultern, trank den Martini und schob teilnahmslos die Krümel des Knäckebrotes mit dem Zeigefinger auf der Tischplatte zusammen. Was immer der Dicke von Eva wollte, es ging ihn nichts an. Mit einem Krachen landete die Faust des Dicken auf dem Tisch. "Verdammt, ich habe was gefragt!"

Alexander zuckte zusammen und sah in das wütende Gesicht. Der Dicke machte eine schnelle Drehung, zog eine Schublade des Küchenschranks auf, griff sich ein großes, spitzes Messer und stach es mit einem Schwung in die Tischplatte. "Los, was hast du mit ihr gemacht?"

"Nichts."

"Ich weiß genau, was hier passiert ist."

"Was soll denn passiert sein?"

Der Dicke griff nach dem Messer, Alexander rutschte angstvoll mit dem Stuhl zurück, aber der Dicke schnitt nur mit einer ausholenden Handbwegung einen der Knöpfe seines Trenchcoats ab und warf ihn wütend auf den Tisch. Er beobachtete einen Augenblick den sich drehenden Knopf, dann bearbeitete er seinen Trench heftig weiter, durchtrennte den Gürtel, stach in den Stoff und begann, ihn in Streifen zu reißen und zu schneiden.

Sprachlos verfolgte Alexander die auf den Küchenboden fallenden Teile. Vielleicht wohnte unter ihnen ein altes Ehepaar, das sich seit Jahren aus dem Wege ging. Und mit Sicherheit schmiedete der Mann schon seit langem den Plan, in der Mitte des engen Flurs eine Mauer hochzuziehen, damit er seiner nach Essig riechenden Frau nicht mehr nahekommen mußte.

"Möchten Sie etwas trinken?" fragte er leise, um den Mann von seiner Tätigkeit abzubringen.

Der Dicke schnaufte nur und arbeitete wie ein Besessener weiter an der Zerstörung seines Mantels. Alexander goß Martini in sein Glas und schob es dem anderen hin. “Bitte sehr, trinken Sie doch.”

Außer Atem hielt der Mann inne, ließ das Messer fallen, stürzte schwer auf den Stuhl und sank in sich zusammen.

“Was soll ich bloß tun?” stieß er kläglich zwischen zwei rasselnden Atemzügen hervor. “Ich bring mich um.”

“Trinken Sie doch.”

“Es macht mich wahnsinnig.” Sein Kopf sank auf die Reste seines Mantels. “Immer hat sie andere Freunde.”

“Wie heißen Sie?”

“Horst - Horst Weber. Hat sie von mir gesprochen?” Er sah hoffnungsvoll auf. Alexander dachte an die kleinen Teddybären. An einen Horst konnte er sich nicht erinnern.

“Ich glaube nicht.”

Der Mann sah wieder auf seinen Mantel, schob die Stoffreste beiseite und strich mit der Hand über die grobe Cordhose.

“Wissen Sie, daß Hosen...” Er lachte leise. “Daß Hosen die denkbar unglücklichste Bekleidung für einen Mann sind.” Ein lautloses Lachen schüttelte ihn. “Es ist immer viel zu wenig Platz für das Geschlechtsteil. Man weiß eigentlich nicht wohin damit. Rechts? Links?” Jetzt kicherte er in sich hinein. Wer hat sich das bloß ausgedacht. Frauen sollten Hosen tragen. Da ist ja nichts, was stört. Mein Gott, was für ein unmögliches Kleidungsstück. Eine Hose!“ Er lachte und sein ganzer Körper bebte dabei. Dann hob er sein Gesicht. Aus seinen Augen liefen die Tränen. Sein grinsender Mund verzerrte sich, öffnete sich zu einem großen Loch und formte dann das Maul eines nach Luft schnappenden Fisches. Er begann, hemmungslos zu schluchzen. “Hosen, wie kann man nur Hosen tragen. Das ist doch völlig unmöglich. Gegen die Natur. Wo soll ich denn bloß mit meinem Geschlechtsteil hin?” Tränen liefen ihm über die Nase und tropften von der Spitze.

Dann verbarg er sein Gesicht in den Händen, stöhnte mehrmals tief, wischte sich flüchtig die Augen, stand auf und verließ die Küche.

Alexander saß still, bis er das leise Schließen der Wohnungstür hörte, dann sammelte er die Stoffetzen auf und warf sie in den Mülleimer zu Kaffeesatz, Apfelschalen und einer Damenbinde ohne Blut. Irgendwie ein schöner Schluß, dachte er.

18

Natürlich müßte das ganze im Studio aufgebaut werden. Das Treppenhaus wäre viel zu schmal, um ihn in der Totale zu zeigen, wie er sich langsam der versiegelten Tür näherte.

Er horchte. Niemand kam. In einer der Wohnungen rauschte eine Toilettenspülung. Die Tür hatte einen langen Kratzer, der von der Linse des Spions unterbrochen wurde, dann weiter abwärts zum Schloß führte. Das Siegel klebte oberhalb des Türdrückers, trug einen verwischten Stempel und verband die Tür mit dem Holzrahmen.

Natürlich war es verrückt, was er jetzt vorhatte. Damit würde er ja seinen Phantasien nachgeben, und den Beweis suchen, daß er tatsächlich den Schlüssel zu diesem Mordfall besaß. Und mal angenommen, der Schlüssel paßte. Was dann? Alles, was er der Polizei erzählen konnte, war eine unglaubwürdige Geschichte. Nein, das beste war, den Schlüssel wegzuwerfen, oder - weil er vielleicht doch auf die Spur des Mörders führen konnte - hier irgendwo ein Versteck zu finden, wo man ihn noch nicht gesucht haben mochte, und die Polizei ihn doch noch finden würde. Er wickelte den Schlüssel aus dem Papiertaschentuch, legte ihn oben auf den Türrahmen und trat einen Schritt zurück. Der Schlüssel ragte über das Holz hinaus und war deutlich zu sehen.

Alexander schüttelte den Kopf, massierte seine Stirn und stieß schnaubend die Luft durch die Nase. Was tat er da? Er ging tatsächlich schon davon aus, daß der Schlüssel zu dieser Wohnung gehörte.

Die Haustür klappte. Er beugte sich vorsichtig über das Geländer. Eine Frau in einem langen, schwarzen Mantel und blauem Kopftuch kam gebückt die Treppen herauf. Sie stöhnte und murmelte vor sich hin. Um sich unverdächtig zu machen, trat er vor Evas Tür, klingelte und stellte sich wartend. Die Frau setzte direkt hinter ihm ihre Einkaufstüten ab und atmete schwer ein und aus.

"Ach, junger Mann, würden Sie vielleicht so freundlich sein, und mir tragen helfen, es sind nur noch zwei Treppen."

"Ja, gern." Er nahm die Tüten, sie waren ungewöhnlich schwer und das Plastik schnitt ihm in die Finger.

"Das ist wirklich reizend von ihnen." Sie ging voran.

"Da haben Sie ja wirklich viel eingekauft."

"Sie wollten zu Fräulein Eva, was? Ist nicht da, was?"

"Sie kennen sie?" Er wechselte den Griff und konnte für einen kurzen Moment in die Taschen sehen. Es war tiefgefrorenes blutiges Fleisch, in Plastikfolie eingeschweißt.

"Ich hab ja immer gesagt, daß da mit dem Alten gegenüber was nicht stimmt. Nun ist er tot."

"Was stimmte mit ihm nicht?"

"Fräulein Eva wohnt ja noch nicht so lange hier. Und nun ist noch eine Wohnung frei. So geht das."

Sie standen vor der Wohnungstür der Frau. Sie zog ihr Schlüsselbund heraus.

"Soll ich die Tüten hier absetzen?"

"Er hatte ja nur Männerbesuch, wissen Sie." Sie öffnete die Tür weit und sah ihm ins Gesicht. Er bestand die Prüfung.

"Ach, bringen Sie sie mir doch noch bis auf den Küchentisch, das wäre nett." Sie ließ ihn vorgehen.

Die Wohnung war genauso geschnitten wie Evas. Die Frau blieb an der Garderobe stehen und wickelte sich aus ihrem Mantel. Er stellte die Tüten auf den Küchentisch und massierte sich die Hände. Eine Tüte fiel um, die untere Schweißnaht öffnete sich langsam wie ein Reißverschluß und Teile eines halb angetauten Schweinekopfes quollen heraus. Er wollte die Tüte wieder aufrichten.

"Ach lassen Sie nur, ich mache doch nur Sülze daraus."

Sie begleitete ihn zur Tür.

"Danke, vielen Dank für die Hilfe. Und klingeln Sie nicht länger, sie ist nicht da. Sind Sie ein Freund von ihr?"

"Ja, ja."

"Dann habe ich nichts gesagt."

"Wieso?"

"Der Alte ist ja wohl nur nachts aus dem Haus gegangen. Und auch immer junge Männer dabei."

"Was glauben Sie, warum er umgebracht worden ist?"

"Machen Sie sich keine Sorgen wegen Ihrer Freundin. Sie kommt oft sehr spät, oder sollte ich sagen: früh. Na, ja, geht mich ja nichts an."

Er stand unschlüssig im Treppenhaus. Die Frau hatte sich bequem in den Türrahmen gelehnt, als wollte sie noch eine Weile mit ihm sprechen. Er ging einen Schritt rückwärts auf die Treppe zu.

"Tja, dann man tschüß."

"Und dann ist er rausgetragen worden. In einem Blechsarg, wie eine Wanne. Aber ich glaube nicht, daß sie ihn darin beerdigt haben. Wenn man bedenkt, was so ein Mensch alles an Fleisch an sich hat. Könnte doch schon einer auf die Idee kommen, daß man es kochen und essen kann, was?"

"Na, ich weiß nicht."

"Sagen Sie das nicht. Irgendwo muß es ja hingekommen sein."

"Was?"

"Sie ist ein anständiges Mädchen. Da muß man ja heute andere Maßstäbe haben als zu meiner Zeit, nicht wahr? Nur den ganzen Tag die Rollos runter - normal ist das nicht."

"Sie hat keine Gardinen."

"Ja, das fehlte. Hinten am Nacken. Ein Stück so groß wie ein Kotelett, sagt die Polizei."

“Wie? Bei dem Toten?”

Sie hob die Hand und winkte ihm. “Sie brauchen sich nicht zu bemühen. Ich schaffe den Rest allein. Vielen Dank, junger Mann.”

Sie drehte sich um und griff nach der Tür. “Man kann’s ja auch einfach braten. Warum soll es nicht schmecken?”

Er wartete, bis sie die Tür ganz geschlossen hatte.

Davon hatte ihm Eva nichts erzählt.

Er betrachtete noch einmal seine Handflächen. Sie waren von dem dünnen Plastik rot wie verbrüht. Dann ging er nach unten. Schon von der Treppe aus sah er, daß der Schlüssel fehlte. Er erstarrte in der Bewegung und stoppte seinen Atem, um zu hören, ob noch jemand im Treppenhaus war. Sein Herz machte zwei Schläge zuviel. Es war alles ruhig. Er hustete kräftig, damit sich der normale Herzrhythmus wieder einstellte. Mit dem Blick auf dem Boden ging er langsam weiter. Der Schlüssel lag in einer Stufenkehle der nächsten Treppe.

19

Er fror, als er die Straße betrat. Über der Elbe lag ein leichter Dunstschleier. Glassplitter knirschten unter seinen Füßen, und er sah die eingeschlagene Scheibe eines Wagens. Ging vorbei wie ein Dieb.

Sein Kopf fühlte sich schwer an. Er überlegte, was alles er in der vergangenen Nacht getrunken hatte, und ob es noch zu früh war, den leichten Kater mit einem weiteren Schluck Alkohol zu bekämpfen. Kathrin mochte keinen Alkohol - in keiner Form. Sie hatte Angst vor seiner Wirkung und ekelte sich vor Betrunkenen. Selbst wenn er beim Fernsehen nur ein Glas Wein trank, rückte sie schon von ihm ab.

Er machte einen weiten Bogen um die gestrigen Straßen, ging

bis zur Antonistraße, um von "oben", wie er es nannte, auf die Reeperbahn zu stoßen. Der Spaziergang tat ihm gut. Dann zog es ihn wieder zum Hans-Albers-Platz, in eine Kneipe, halb Café, zu Kaffee und Cognac. Er war der einzige Besucher.

"Ungemütlich heute, was?" Das hochtoupierte rote Haar der Vierzigjährigen hinter der Theke wippte bei jedem Schritt.

"Ja, feuchte Luft draußen."

Da gab es die Geschichte von der Bar, deren Fußboden hinter der Theke ein Käfig war - mit dem Barmann und 12 Meerschweinchen darin. Die mußten bei Hochbetrieb um ihr Leben rennen. Das sollte hier irgendwo sein. Diese Kneipe war es nicht, wie er sich mit einem kurzen Blick überzeugte.

Er nahm den Kaffee von der Theke und ging zu einem Tisch auf dem Podest am Fenster. Sie brachte den Cognac hinterher. Die mit Cord bezogenen Sitzkissen einer roh gezimmerten Bank waren voller Flecke und rochen nach kaltem Rauch.

"Grüß Gott." Der Mann trug einen altmodisch geschnittenen grauen Anzug. Ärmel und Hosenbeine waren etwas zu kurz. Er konnte dreißig sein oder auch vierzig. Die Falten auf seiner Stirn waren nicht sehr tief, aber scharfkantig, als hätte man sie mit einem Bügeleisen bearbeitet. Er legte die Bibel auf die Theke, zog sich auf einen Barhocker und öffnete das Jackett. Ein hellblaues Hemd und die dunkelblaue Krawatte zeigten Flecken über dem Bauch. Er sah Alexanders Blick und lächelte: "In Ewigkeit, Amen!"

Die Frau hinter der Theke sah ihn erwartungsvoll an.

"Einen Kaffee, nicht zu stark." Er zwinkerte ihr zu. Sie schienen sich zu kennen. Der Kaffee bekam heimlich unter der Theke einen Schuß Cognac.

"Soll es wieder mal losgehen?" fragte die Frau.

"Wenn wir schon nicht die Welt retten können, dann wenigstens die Menschen, was?" Er schlürfte an seinem Kaffee, pustete über die Oberfläche und drehte seine Augen in Alexanders Richtung. "Trübe Aussichten, was?"

Alexander lächelte.

Der Mann stand mit der Kaffeetasse in der Hand auf.

"Herbert!" Die Stimme der Frau klang so, als wollte sie ihn zur Ordnung rufen. Als Zeichen, daß er verstanden hatte, hob er die freie Hand senkrecht in die Höhe und kam trotzdem an Alexanders Tisch.

"Warum glauben Sie, daß die Welt nicht zu retten ist?" Der Mann amüsierte ihn.

"Eine ausgemachte Sache zwischen Gott und dem Teufel. Die Erde ist des Teufels, der Himmel Gottes. Wollen Sie Beweise?"

"Was sind Sie? Ein Amateur-Prediger? Heilsarmee, Zeuge Jehovas?"

"Kennen Sie die Redensart: Der Teufel steckt im Detail?"

Alexander nickte.

"Und wer hat das Detail-Wissen? Die Fachleute. Die Spezialisten! Sie sind es, die die Welt zugrunde richten. Sie wissen immer mehr über immer weniger. Deshalb fehlt ihnen der Überblick, der Blick von oben herab. Sie können das große Ganze nicht mehr erkennen. Die Zusammenhänge bleiben ihnen verborgen. Was sie erschaffen, vernichtet zugleich - an anderem Ort. Und so werden sie mit ihren Taten zu Werkzeugen des Teufels."

"Und was kann man dagegen tun?"

"Nichts. Es ist der göttliche Plan."

"Steht das in der Bibel?" Alexander zeigte auf das Buch auf der Theke.

"Es steht in den Gesichtern der Menschen. Ich lese in den Gesichtern. Das sind Bilder von Verbitterung, Enttäuschung und Hoffnungslosigkeit."

"Ihre Botschaft ist auch nicht gerade erbaulich."

"Aber es gibt eine Rettung. Der Mensch muß versuchen, dem göttlichen Blickwinkel nahe zu kommen. Erheben Sie sich, fliegen Sie hinauf zu den Wolken. Immer höher, bis all die kleinen Details auf der Erde zu einem großen Ganzen verschmelzen. Jeder kann das. Unsere Vorstellungskraft, unsere Phantasie ist das göttliche Werkzeug. Nur der Teufel hat uns eingegeben, daß alles, was wir uns vorstellen können, was wir für möglich halten, auch möglich gemacht werden muß."

"Und das predigen Sie?"

"Glauben Sie an Gott?"

"Sie sind Mormone, nicht wahr?"

"Ich bin ein Mensch so nahe bei Gott, daß ich andere an meinem Glück teilhaben lassen möchte. Hier, nehmen Sie einen Zettel." Er holte einen Stapel kleiner handbeschriebener Zettel aus seiner Jackettasche, zog einen wahllos heraus und schob ihn verdeckt über den Tisch.

"Stecken Sie ihn ein, holen Sie ihn irgendwann wieder heraus und lesen Sie ihn dann." Er stand auf, ging zur Theke, legte ein paar Münzen darauf, grüßte stumm und verließ das Lokal.

Ein Kreuz hatte über dem Bett gehangen, und an der Wand das Bild eines Heiligen. Kathrin gefiel das Zimmer nicht, aber es gab kein anderes mehr. Sie hatte starr im Bett gelegen, das Licht beobachtet, das von der schmalen Gasse durchs Fenster fiel und auf der Zimmerdecke drei Streifen bildete. Er hatte versucht, ihr über das Haar zu streichen, aber sie war aufgesprungen, hatte das Licht eingeschaltet, ihren Koffer ausgeräumt, jedes einzelne Wäschestück betrachtet und wieder eingepackt.

"Was ist mit dir?"

"Ich weiß nicht."

Sie war wieder ins Bett gekommen, aber gleich darauf erneut aufgestanden und auf die Toilette gegangen.

"Ich blute ein bißchen, glaube ich."

Sie hatte ihn vom Fenster her angesehen und gelächelt, und er wußte, daß sie log. Draußen war Venedig gewesen.

"Hat er Sie belästigt?" fragte die Rothaarige. "Ich habe ihm verboten, hier Reden zu halten. Er kommt immer sonnabends. Zuerst trinkt er bei mir einen Kaffee, dann macht er die ganze Nacht seine Runde. Kurz vor drei taucht er hier wieder auf und rechnet zusammen, wieviel Seelen er gerettet hat. Er ist harmlos. Die Woche über arbeitet er bei einer Versicherung."

"Jeden Sonnabend?"

"Seit Jahren."

"Dann kennt er wohl alle hier?"

"Alle kennen ihn."

"Was muß ich zahlen?"

"Hat er Sie vergrault?"

"Nein, ich muß ihn was fragen."

Als Alexander vor die Tür trat, war von dem Prediger nichts mehr zu sehen. Auf der anderen Seite des Platzes spuckte eine Prostituierte einen Freier an. Eine zweite kam hinzu und gemeinsam beschimpften sie den Mann, der langsam davonging, sich noch einmal umdrehte und den beiden den Vogel zeigte. Dann beschleunigte er seinen Schritt, machte plötzlich einen kleinen Luftsprung und stieß einen Jodler aus.

Alexander zog den Zettel des Predigers aus der Tasche und las die kleinen, exakt geschriebenen Buchstaben:

Stell Dir vor, Du wärst Gott.
Was würdest du jetzt tun?
Herbert

20

Die Telefonzelle war von einem jungen Mann besetzt, der mit einem seiner Cowboystiefel die Tür einen Spalt offen hielt. Er stand mit dem Rücken zum Apparat und sah durch Alexander hindurch. "Das ist deine letzte Chance. Entweder du kommst jetzt, oder es ist aus. Du weißt ja, wo du mich findest!" Wütend hängte er den Hörer ein, riß die Tür auf, rempelte Alexander an und ließ seine Stiefel auf dem Pflaster knallen.

Alexander wählte Andrees Nummer. Das Freizeichen ertönte, aber niemand meldete sich. Er überlegte, was er genau mit Andree besprochen hatte, und war sich nicht mehr sicher, ob sie sich für gestern oder heute abend verabredet hatten. Plötzlich sah er zwischen den Passanten Scheibes fast haarlose Stirn die Reeperbahn heraufkommen. Er legte auf und ging ihm entgegen.

"Hallo."

Scheibe sah ihn irritiert an, aber er schien nüchtern zu sein.

"Wir haben uns gestern bei 'Albers' gesehen, mit Carlo."

"Ach, klar. Die Pisswette." Er grinste. "Ich suche Wontroba, diesen Schweinehund. Hast du ihn gesehen?"

"Nein."

"Man glaubt es nicht: Erst quartiert er bei mir einen Typen für drei, vier Tage ein, der seit einem halben Jahr nicht wieder auszieht. Heute morgen bringt er ein besoffenes Mädchen vorbei. Die hat sich jetzt auf meinem Klo eingeschlossen. Bin ich ein Hotel?"

Scheibes Augen waren gelblich und blickten ihn müde an. Er hatte einige frisch aufgekratzte Pickel im Gesicht.

"Du könntest mir helfen!" sagte er und stellte seinen mageren Körper auf die Zehenspitzen, um annähernd Alexanders Größe zu erreichen.

"Wobei?"

"Diese Frau muß aus meiner Wohnung. Komm."

Alexander sah auf seine Uhr, um anzudeuten, daß er nicht viel Zeit hätte und ging mit.

"Ich krieg sie nicht raus. Sie geht einfach nicht. Weißt du, ich wach auf und höre diese Geräusche.Ich schleiche raus. Sie sitzt auf dem Klo und stöhnt. Sie würgt und stöhnt, wie schlecht ihr sei. Schließlich kotzt sie. Ich horche an der Tür. Wahrscheinlich hockt sie auf dem Fußboden, das Becken mit beiden Armen umklammert. Das kennt man ja.

Ich halt es nicht mehr aus, sagt sie immer wieder, dazwischen kotzt, würgt und spuckt sie. Dann kommt sie vom Fußboden hoch, knallt gegen die Wand, irgendwas fällt um, wahrscheinlich der Kloschrubber. Plötzlich reißt sie die Tür auf, sieht mich verächtlich an, sagt, es sei alles klar, sie würde gleich gehen.

Ich will zurück ins Bett, da stürmt sie an mir vorbei, wieder aufs Klo. Ich kann nicht mehr, schreit sie, ich halt's nicht mehr aus, und es geht wieder los. Sie verflucht den Alkohol, betet zu sterben, kriegt einen Schluckauf, stößt gegen die Wände und kotzt, so daß du weißt, es geht alles daneben. Nach einer Weile kommt sie doch raus, sagt es sei alles klar. Sie fängt an, das Klo sauber zu machen. Und plötzlich heult sie, schließt sich ein und sagt, sie würde sich umbringen.

Ja, was willst du da machen. Überall kann sie sich umbringen, aber nicht bei mir. Als wenn ich nicht genug Ärger hab. Die Frau muß weg. Du mußt ihr irgendwas erzählen."

Sie waren beim Oase-Kino angelangt und bogen in die Lincolnstraße ein.

"Und was ist mit dem anderen, der bei dir wohnt? Ist er nicht da?"

"Nein. Und es gibt nur einen Grund, warum ich ihm seine Kartons und Kühltruhen noch nicht vor die Tür gestellt habe: Er schleppt Verpflegung ran und kocht nicht schlecht. Er arbeitet auf dem Schlachthof und klaut wie ein Rabe.

Weißt du, daß er sich das Fleisch auf den nackten Körper bindet, um am Pförtner vorbeizukommen? Natürlich immer nur vom Besten. Und ich male das Zeug, bevor wir's braten." Er lachte. "Weißt du, Fleisch zu malen ist nicht einfach. Außerdem, etwas zu malen, das man sich anschließend einverleibt, ist ein Vorgang, der das ganze Dilemma der Kunst offenbart."

Sie bogen in einen Hinterhof mit einem alten Werkstattgebäude ein. Scheibe öffnete das ebenerdige Tor zu einer Werkstatt.

In dem weißen Raum lehnten Bilderstapel an den Wänden und mehrere kleine, dick mit Farbe beschmierte Tische hoben sich gegen den grau lackierten Fußboden ab. Alles war sehr aufgeräumt. Auf zwei Staffeleien standen große, unfertige Bilder. Sie zeigten grob gemalte Fleischstücke, die ihn eher an Kathrins Marmeladenbrote erinnerten. Erdbeermarmelade auf einer dicken Schicht Frischkäse. Er spürte seinen Hunger, wünschte sich, jetzt am Frühstückstisch zu sitzen, das frisch gebackene Brot zu riechen und sich Kathrins übertriebener Fürsorge hinzugeben. Frühstück inszenierte sie an den Wochenenden wie ein kleines Fest. Das hatte er vorher nicht gekannt, und jetzt kam es ihm so vor, als hätte er sie nur deshalb geheiratet - für diese Erfüllung seiner Sehnsucht nach einem gleichförmigen Leben, ohne Überraschungen, Spontaneität und dem regelmäßigen Essen als Höhepunkte der Gemeinsamkeit. Eine eiserne Treppe führte nach oben.

Der obere Raum war einmal Büro gewesen, mit Pappwänden unterteilt und vergilbten, fleckigen Türen, in denen das Glas durch Papier und Pappe ersetzt worden war. Alexander wunderte sich, daß die Fußböden im Gegensatz dazu überall sehr sauber waren. Teilweise waren die Holzdielen abgeschliffen und lackiert worden.

"Eh, bist du noch da?" schrie Scheibe.

Er riß die Klotür auf. Das Klo war leer und sauber. Es roch nach Desinfektionsmittel.

"Wo bist du?" Er öffnete nacheinander die Türen zu drei spärlich möblierten Räumen und einer perfekten Einbauküche aus hellem Holz. Alexander folgte ihm. An der letzten Tür blieb er stehen. "Egon, bist du da?"

Als niemand antwortete, öffnete er auch diese Tür und Alexanders Blick fiel auf ein grünkariertes Jackett mit feinen roten Streifen, das am Fenster über einer Kühltruhe hing. Ein großer alter Kühlschrank stand an der Seite. Eine mit weiteren Jacketts, Hemden und Hosen behängte Leine führte von ihm zur Wand.

Auf der anderen Seite stand ein Bett mit einer roten Decke darauf, die an allen Seiten bis zum Fußboden reichte. Darüber ein Poster von Magritte, jenes Frauengesicht, das zugleich Körper war.

"Scheiße, keiner da," sagte Scheibe und grinste erleichtert.

21

Scheibe goß Wodka in Wassergläser. Bevor Alexander ein "Für mich nicht" herausbringen konnte, war es zu spät. Scheibe hielt ihm das Glas vor den Bauch.

"Ich habe heute noch nichts vernünftiges gegessen."

"Wodka hat den größten Nährwert."

Alexander lachte durch die Nase. Scheibe kratzte sich zwischen den Beinen.

"Ich hatte einen Freund, der seine letzten beiden Jahre nur noch von Wodka lebte. Er trank immer aus demselben Glas. Es hatte am Rand eine kleine herausgebrochene Kerbe. Der Wirt hätte es längst weggeworfen, wenn mein Freund nicht immer wieder darauf bestanden hätte, aus diesem und keinem anderen Glas zu trinken. Bei seiner Beerdigung hat der Wirt es dann auf seinem Sarg zertrümmert. Lungenkrebs, ziemlich schlimm. Am Schluß nur noch Sauerstoff."

Sie lehnten an den Schränken der Einbauküche. Alexander fühlte sich unbehaglich. Der Wodka schmeckte scheußlich und er befürchtete, daß der hochprozentige Alkohol sein Zahnfleisch angriff. Es fühlte sich wund an, wenn er mit der Zunge darüberstrich. Wahrscheinlich hatte er auch einen fauligen Mundgeruch. Er sah sich in der Küche um, aber es war nichts Essbares in Sicht.

"Was ist mit deinem Mitbewohner?" wagte Alexander zu fragen.

"Egon? - Lohnt nicht."

"Wieso?"

"Ein Leben ohne Perspektive. Kommt, geht, schläft und redet von Fleisch. Kaum Alkohol, wenn du verstehst. Kein geselliger Mensch."

"Ich muß dringend was essen."

"Chinesisch, Griechisch, Italienisch, Thailändisch, Türkisch oder eine deutsche Currywurst?"

Noch in der Lincolnstraße gab es ein chinesisches Restaurant, das Scheibe wegen des angeblich vorzüglichen heißen Reisweines empfahl. Alexander konnte ihm auf dem Weg nicht mehr viel über seinen Mitbewohner entlocken. Scheibe trottete immer einen Schritt hinter ihm, imitierte den Glöckner von Notre Dame, boxte mit unsichtbaren Gegnern und redete von den nackten Fleischbergen der dicken Redakteurin eines Magazins, die er gern wieder einmal durchkneten würde. Alexander versuchte, das Bild des dünnen Scheibe, wie er mit seinen Spinnengliedern auf dem übergroßen Po einer Frau turnte, mit Fragen nach seiner Malerei zu verscheuchen, aber Scheibe ließ sich von seinen erotischen Phantasien nicht mehr abbringen. Er schilderte die Vor- und Nachteile seiner bisherigen Geliebten im Bett, und mehrmals, immer ausführlicher, seinen Wunsch nach einer dicken Frau, die aber gelenkig zu sein habe - eine "Turnerin".

"Ich kann nicht mit dir schlafen," hatte Kathrin gesagt. "Wenn du mich so ansiehst, weiß ich, daß du es willst, und dann kann ich es nicht." Er löschte das Licht, aber sie lachte aus der Finsternis heraus und behauptete, genau zu wissen, wie er sie jetzt ansehe. Es quälte ihn.

Das chinesische Lokal war wie alle chinesischen Lokale; weiße, gestärkte Tischdecken, blau gemustertes Porzellan mit Drachenbildern, rote Lampions, aber hinter der Theke arbeiteten zwei blonde deutsche Frauen. Durch die Küchenklappe reichten die Arme eines Asiaten die Suppentassen. Alexander entfernte mit dem Daumennagel Flecken vom Plastik der Speisekarte, während Scheibe noch bei der Erotik war. Als die geleeartige braune Suppe kam, verging ihm der Appetit, und er trank in schnellen kleinen Zügen den heißen Reiswein. Erst beim zweimal gebratenen Fleisch kam der Appetit wieder. Der Reiswein zeigte Wirkung, und Scheibe verriet eine seiner geheimen Einkommensquellen.

"Ich habe ja eine Zeit lang als Fotograf gearbeitet, daher habe ich noch eine kleine Blitzanlage und eine gute Kamera im Atelier. Zweimal im Jahr kommt ein Typ aus Süddeutschland mit zwei, manchmal drei Frauen in seinem dicken Mercedes. Er meldet sich vorher an, und ich konzipiere für ihn eine Bilderserie, mache kleine Skizzen, in was für Stellungen wir die Frauen fotografieren wollen. Er steht auf eine spezielle Art von Pornos, und ich glaube, es geht ihm gar nicht um die Bilder, sondern nur um die Aktion. Er legt ein paar Tausender dafür hin. Was er den Frauen bezahlt, weiß ich gar nicht."

Alexander sah sich um, ob man ihnen von den anderen Tischen zuhörte.

"Die machen auf jeden Fall alles mit, setzen sich nur Perükken auf, schminken sich, damit man sie auf den Fotos nicht so leicht erkennt. Nach meinen Skizzen schiebt er ihnen alles mögliche unten rein. Bananen, Besenstiele, Möhren, Kinderpuppen. Wenn wir mit den Fotos fertig sind, fallen wir über die Frauen her. Dann fährt er wieder ab, und ich gebe ihm die belichteten Filme mit. Damit will ich nichts zu tun haben. Wie gesagt, ich zweifle, daß er sie überhaupt entwickeln läßt. Nach fünf, sechs Stunden ist der Spuk vorbei, und er braust mit seinem Schlachterwagen wieder ab. Ich bin mir nie sicher, ob er sich wieder meldet. Mir gehen allmählich die Ideen aus. Und das letzte Mal platzte Egon in die Vorstellung, fing an zu knurren und zu bellen, ließ sich auf alle viere nieder und begann, die nackten Frauen überall zu beißen. Erst war es witzig, aber dann hat er richtig zugebissen, bis auf's Blut, so mit blauen Flecken. Da war natürlich Schluß, und ich habe noch um mein Geld feilschen müssen."

Durch die Speisenklappe drang ein lauter Wortwechsel und das Geräusch herunterfallender Pfannen. Ein großer Schwarzer trat durch die Küchentür, riß sich wütend die Schürze herunter, warf sie über die Theke und verließ mit langen Schritten das Restaurant. Alexander drehte sich zum Fenster und beobachtete ihn durch die Gardine. Draußen schien seine Wut nachzulassen. Er stand unschlüssig am Fußwegrand, dann drehte er sich um, öffnete seine Hose und pinkelte gegen die Eingangstür.

Scheibe bestellte fingerschnippend Reiswein.

22

Alexander bekämpfte seinen schwankenden Reisweinkopf mit einem Spaziergang zur Elbe. Schwere Wolken hatten die Dämmerung früh hereinbrechen lassen. Das Wasser war ölig und leckte träge an den Pontons der Landungsbrücken. Er wich einem eisernen Poller aus und ging ganz an den Rand des Anlegers. Eilige Hammerschläge einer Schiffsreparatur drangen von der Werft auf der anderen Seite herüber, dann blitzten die Funken eines Schweißgerätes über das Wasser. Eine aufgerissene Plastiktüte schwamm langsam vorüber.

Er sah auf seine Uhr. Bald würde er feststellen können, ob er sich bei der Verabredung mit Andree im Tag geirrt hatte.

“Eh, Chef, haste mal ne Mark für'n Kaffee?” Der Penner hatte sich aus einer Gruppe im Dunkel des Brückenaufgangs gelöst und faßte ihn kräftig am Ärmel. Alexander sah erstaunt auf die schuppige Hand, die ihn ein bißchen zurückzuziehen versuchte.

“Was wollen Sie?”

“Es lohnt nicht.” Der Penner nickte in Richtung Wasser.

“Sie dachten, ich...”

Der Penner legte den Kopf schief und zog ihn zwischen die Schultern. Er lächelte unbeholfen, ließ ihn los. “Nichts für ungut.” Und ging einen Schritt rückwärts.

Wenn Alexander ihm jetzt Geld gab, wäre das wie eine Bestätigung. Der Penner würde es als seinen Dank nehmen. Mit schnellen Schritten davonzugehen, käme ebenfalls einem

Schuldeingeständnis gleich. In der Firma sprang er aus solchen Situationen des Gefangenseins mit einem schlichten Angriff.

"Spiegelpanzer" nannte er das.

"Sie haben wohl schon mal daran gedacht, es zu tun?"

Der Penner sah auf seine abgewetzten Schuhspitzen. Alexander schickte ein kurzes, fragendes "Hm?" hinterher. Der Penner hielt den Kopf gesenkt.

"Das schlimmste ist das Ersticken. Man erstickt doch im Wasser, oder?" Jetzt sah er ihn an. Er lächelte. "Haben Sie eine Zigarette?"

Sie rauchten schweigend.

"Wie soll man es machen, damit man nichts spürt?" Der Penner grinste.

"Warum soll man es machen?"

"Weil es egal ist."

"Ob man lebt?"

Der Penner grinste und nickte.

"Man muß das alles zuschütten", sagte er plötzlich. Alexander folgte irritiert seiner Handbewegung.

"Das muß alles weg. Ist doch einfach. Her mit so einem Bagger und ich mach das. Das Wasser muß weg, da kommt die Kälte her, und alle schmeißen nur ihren Dreck rein. Alles sauber planieren, von hier bis zum anderen Ufer. So ein Bagger, mit dem die auch meine Hütte abgeräumt haben. Und da können die Leute alles mit reinschmeißen, ihre Möbel, brauchen die nicht mehr auf die Straße zu stellen, den ganzen Müll."

Er schluckte den letzten Rauch seiner Zigarette gierig hinunter und verbrannte sich die Finger an der Glut.

"Den ganzen Scheiß einfach abräumen."

Er ließ die Kippe fallen und drehte seine Schuhsohle auf ihr, als wäre sie ein gefährlicher Wurm.

"He, Platon", grölten seine Freunde im Hintergrund, "laß den Mann in Ruhe." Sie schwenkten begeistert eine Zweiliterflasche Rotwein, als gelte es, ihn anzufeuern.

Am Hans-Albers-Platz standen zwei Jugendliche, die Taschen voller Geld. Sie waren fast gleich gekleidet, mit Jeans und weißen T-Shirts, deren Ärmel sie an den Achselhöhlen fransig abgetrennt hatten, um ihre Muskeln zu zeigen. Unschlüssig wippten sie auf der Fußwegkante und spielten mit ihren braunen Jacken, die sie mal über die Schulter legten, mal unter dem Arm trugen. Der Mann, der sie beobachtet hatte, trat jetzt aus dem Hauseingang auf sie zu.

"Wollt ihr Bilder sehen?"

"Schieß in den Wind."

"Was für Bilder?"

"So Bilder."

"Willst du sie verkaufen?"

"Nein. Eins habe ich bei mir." Er zog es aus seiner Jackentasche und hielt es verdeckt vor der Brust. Die beiden traten neugierig näher.

Der Mann sah sich um, ob sie beobachtet wurden, dann zeigte er es ihnen.

"Ist die Frau tot?" fragte der eine Junge fassungslos. Der andere zog ihn weg. "Laß uns abhauen!"

"Haben Sie wirklich keinen Grund zu springen?" Platon näherte sich vertraulich, als könne er Geheimnisse für sich behalten. Alexander betrachtete das Gesicht mit den gelben Augen, den schmutzigen Fältchen auf der Stirn und der schorfigen Stelle auf der Nasenspitze.

"Nein", lächelte er überheblich.

"Und daß alles kaputt geht, sich verbraucht, vergänglich ist, daß nichts bleibt? Daß alles aufgefressen wird?"

"Platon, was?" Alexander hob den Kopf, um ihn von oben herab anzusehen. Einen Augenblick musterten sie sich wie zwei Jungen auf dem Schulhof, die im nächsten Moment aufeinander einschlagen würden, weil das kleine blonde Mädchen sich nicht zwischen ihnen entscheiden konnte. Dabei hatte er ihre Tasche getragen, ihr Bonbons geschenkt, ihr die Schularbeiten erklärt. War sie nicht willig stehengeblieben, als er ihr auf dem Klassenfest einen flüchtigen Kuß auf die Wange gegeben hatte? War sie nicht kichernd weggelaufen, stehengeblieben, wieder weggelaufen, wieder stehengeblieben, als er versucht hatte, ihr unter den Pullover zu greifen? Was wollte sie von dem anderen, der nichts getan hatte, als sie aus dem schützenden Kreis seiner Freunde heraus mit dunklen Augen zu beobachten? Wo war die Gerechtigkeit?

"Ich denke, die Dinge müssen einfacher werden, glatter, runder, sonst hat die Welt der Menschen keinen Bestand." Platon sah wieder zu Boden, scharrte mit den schäbigen Schuhen auf dem Beton. "Alles ist zu kompliziert. Ein Steinwurf, ein lautes Wort, ein fester Tritt mit dem Fuß müssen genügen, um die Dinge in Ordnung zu bringen. Und keine Tränen, bloß keine Tränen. Nur Wut, das muß genügen." Er drehte sich, als wolle er gehen.

"Wut macht einsam", sagte Alexander.

Ruckartig kam Platons Kopf zurück. "Das möchtet ihr wohl, daß da noch etwas anderes wäre", fauchte er. "Damit ihr Macht ausüben könnt, ohne euch die Hände schmutzig zu machen. Scheiße sage ich, dreimal Scheiße."

Schimpfend ging er zu seinen Kollegen. "Suffköppe, Pennbrüder, stinkende Ratten." Grinsend hielten sie ihm die Flasche entgegen.

Alexander ging, schüttelte heftig den Kopf, damit man es in der Dämmerung sehen konnte. Die Flasche prallte hinter ihm auf den Boden, schickte ihre Splitter bis zu seinen Schuhen.

"Das sage ich dir", keifte Platon mit erhobener Faust, "wenn du immer nur schwankend dazwischenstehst, bist du schon ein toter Mann."

Seine Kollegen fielen mit Flüchen über ihn her. Die Flasche war noch halbvoll gewesen.

23

Er hatte die nördliche Grenze überschritten, die Reeperbahn. Vor langer Zeit hatten sie hier Anlaufpunkte gehabt; der Starclub - damals, die Roxy-Bar mit den alternden Transvestiten - auch abgerissen, das Top Ten, später dann das Grünspan oder die Lesben-Disco Camelot, in die man nur in Begleitung einer Frau kam.

Der Schmerz hatte sich durch eine seltsame, warme Schwere auf der Haut seiner linken Hüfte angekündigt. Als würde sich ihm jemand mit einer glühenden Eisenkugel nähern, die sich plötzlich zu einer langen spitzen Lanze verformte und seinen Körper durchbohrte. Er krümmte sich vor dem Eingang einer Peep-Show, presste die Hände auf seinen Bauch und riß den Mund auf. Schweiß trat ihm auf die Stirn, und er taumelte gegen die Fensterscheibe, dahinter das gemalte Bild einer nackten Frau, die weit ihre Beine spreizte. Er verharrte reglos, denn die kleinste Bewegung konnte dazu führen, daß seine inneren Organe zerrissen wurden.

"Kommen Sie rein, meine Herren." Die aus der Peep-Show dringende Musik wurde von einem Jahrmarktsprecher unterbrochen. "In wenigen Minuten wird unser Superstar Lola die Bühne betreten und Ihnen ihre Geheimnisse so offen zeigen wie noch nie. Sexy-Lola, eine Turnerin der Extra-Klasse müssen Sie gesehen haben. Kommen Sie rein, erleben Sie, was sie nicht zu träumen wagten. Lola, unser gelenkiger sexy Superstar ist da."

Der Schmerz verschwand schlagartig, nur das Gefühl durchbohrt zu sein blieb. Alexander richtete sich langsam auf, wartend, ob der Schmerz zurückkäme. Er stemmte eine Hand gegen die Glasscheibe, sah in das Gesicht der gemalten Frau und wußte, wem er das zu verdanken hatte. Er sah die vielen kleinen Teddys in der Schublade. Ein neuer war hinzugekommen. Sorgfältig hatte sie ihn mit seinem Namen beschriftet, eine lange Nadel genommen, wahrscheinlich genußvoll ausgeholt und ihn zum ersten Mal durchbohrt. Entsprach das Gefühl, das er jetzt hatte, der steckengebliebenen Nadel, oder hatte sie sie wieder herausgezogen? Vorsichtig bewegte er seine Hüfte, drehte sie einmal. Kein Schmerz mehr. Welches Organ saß dort, und warum hatte er ihr nicht irgendeine belanglose Nachricht hinterlassen, ein "Ich ruf dich an" in die Butter gekratzt oder mit Lippenstift auf den Spiegel geschrieben.

"Na, wieder in der Peep-Show völlig verausgabt, Opa?" Drei Jugendliche umringten ihn. "Komm, rück mal ein paar Mark raus, wir wollen auch noch unseren Spaß haben." Einer griff ihm unter die Arme. "Wird's denn noch gehen, oder sollen wir mal ein bißchen helfend eingreifen?" Er spürte, wie er abgetastet wurde.

"Finger weg!" Er zog die Jacke enger um sich und ging einen Schritt auf den Eingang der Peep-Show zu.

"Verschwindet hier!" Ein bodygebildeter Körper im hellgrauen Jogging-Anzug und weißem Handtuch über der Schulter versperrte den Weg. "Seht zu, daß ihr Land gewinnt, verschwindet."

"Wir wollen ja nur helfen. Bitte sehr, dann eben nicht." Die drei Jugendlichen gingen davon und sangen im Chor den Werbespruch einer Schnapsmarke.

"Und du verschwindest auch. Hier gibt's nichts zu trinken."

"Ich bin krank, verstehst du, ich habe Fieber."

Er sank in die Kissen zurück. Kathrin lachte hilflos und ging unruhig am Fußende des Bettes auf und ab.

"Du riechst aus dem Mund. Du stinkst." Sie riß die Gardine zur Seite und öffnete weit das Fenster.

"Kathrin, bitte nicht. Ich habe eine Grippe, ich schwitze, ich werde mich noch mehr erkälten!"

Sie rannte aus dem Zimmer. Sie ekelte sich vor seinem Zustand. Zitternd stand er auf und schloß das Fenster.

Einen Augenblick überlegte Alexander, ob er erklären sollte, daß er nicht betrunken sei, dann aber drehte er sich wortlos um und versuchte, aufrecht auf einer gedachten geraden Linie davonzugehen. Nach ein paar Metern blieb er stehen, tastete hastig seine Taschen ab und setzte die gerade Line fort. Es schien alles noch da zu sein. Er senkte seinen Blick, um keinem der entgegenkommenden Passanten ausweichen zu müssen. Eine oft geübte Methode, um in den vollen Einkaufsstraßen der Innenstadt schneller vorwärts zu kommen. Entgegenkommende durfte man niemals wahrnehmen. Wer aufblickte, war verloren, mußte anderen, die ihn nicht sahen oder nicht sehen wollten, ausweichen, mußte Blicken standhalten, die ihn zur Seite zu kämpfen versuchten, und immer wieder im Zickzackkurs Zusammenstöße vermeiden.

Er fühlte sich nicht wohl auf dieser Seite der Reeperbahn. Zuviele lärmende und angetrunkene Wochenendbesucher, die auf körperliche Nähe und verbrüdernde Sprüche aus waren. Als Hamburger bevorzugte man im Augenblick die andere Seite. An der Ecke Hein-Hoyer-Straße hob er den Kopf.

“Na, Opa, geht’s wieder?”

Die drei waren ihm gefolgt, umringten ihn, grinsten ihn an.

“Laßt mich in Ruhe.”

Einer verstellte ihm den Weg. Sie sahen fast gleich aus, bekleidet mit grünen Kunststoffjacken und Jeans.

“Du könntest ein bißchen netter sein. Wir wollen nur dein Bestes.”

Vergeblich versuchte er sich vorbeizudrängen, spürte ihren Atem in seinem Gesicht und Nacken, fühlte, wie ihm wieder unter die Arme gegriffen wurde. Sie hoben ihn vom Boden ab, trugen ihn um die Straßenecke und sangen gröhlend: “Eisgekühlter Bommerlunder. Bommerlunder eisgekühlt.” Drückten ihn dann schnell in den ersten Hauseingang, rissen seinen Kopf zurück, pressten eine flache Hand auf seinen Mund und zogen seine Brieftasche heraus. Er sah, wie sie sie aufklappten, dann erhielt er einen Schlag ins Gesicht.

Als er wieder zu sich kam, ragten seine Beine von der Stufe vor der Haustür auf die Steinplatten des Fußweges. Auf seinem Bauch balancierte seine Brieftasche. Er versuchte, sich zu erheben und gleichzeitig nach der Brieftasche zu greifen, aber sein Körper rutschte weg, und er schlug mit dem Hinterkopf laut gegen die hölzerne Haustür. Schließlich gelang es ihm, sich auf die Stufe zu setzen. Das Geld in seiner Brieftasche fehlte. Es waren nur 60 Mark gewesen. Das meiste hatte er noch hinten in seinen Hosentaschen. Er rieb sich seinen Hinterkopf, betastete sein schmerzendes Kinn. Irgendwo klebte Blut. Er breitete ein Papiertaschentuch aus, legte es über sein Gesicht und presste es mit den Händen vorsichtig an, um am Abdruck die verletzte Stelle orten zu können. Es kam von seiner Unterlippe, und jetzt konnte er die Stelle auch mit der Zunge fühlen und das Blut schmecken. Es war nur ein kleiner Riß.

Er spuckte auf das Tuch und rieb sich das Kinn. Er nahm an, daß das Blut daran heruntergelaufen sei. Aber das Tuch blieb weiß. Er tupfte seine Lippe, sie blutete kaum noch. Er ließ das Taschentuch vor sich auf den Boden fallen. Warum hatte er sich nicht gewehrt? Oder hatte er sich gewehrt?

Ein älterer Mann überquerte die Straße mit militärisch festem Schritt, obwohl er sich ab und zu auf seinen Spazierstock stützen mußte. Zielte dann direkt auf Alexander und stieß das breite Gummi des Stockes gegen seine Brust. "Vierundzwanzig mal sechsunddreißig? - Na, schnell! Vierundzwanzig mal sechsunddreißig?"

"Keine Ahnung."

Der Mann lachte kurz auf, drehte sich auf den Absätzen um und marschierte davon. "Vierundzwanzig mal sechsunddreißig, mein Gott!"

24

Vierundzwanzig mal sechsunddreißig, das ist irgendetwas mit 700. Er stand auf und klopfte seine Hose ab. Hechelnd zog eine weiße Dogge einen kräftigen Mann in weißer Lederkleidung an ihm vorbei. Schnauzbart, gelocktes blondes Haar bis in den Nacken und von der Sonnenbank gebräunte Haut: das Idealbild eines Zuhälters. Der Hund hob an der Ecke das krumme Bein, pinkelte, drehte sich herum, pinkelte nochmals, fixierte Alexander, stellte die Ohren auf und knurrte. Ein energischer Ruck an der Leine warf ihn herum.

Er hatte einen Hund gewollt, eine Promenadenmischung, aber Kathrin war dagegen. Hunde machen Dreck, riechen, wenn sie aus dem Regen hereinkommen, hinterlassen Pfotenabdrücke auf dem Teppichboden und haben Würmer und Flöhe. Wenigstens einen Hamster wollte Thomas. Nach zwei Wochen hatte er sich durchgesetzt. Zur Erleichterung Kathrins starb der Hamster nach fünf Tagen und Thomas wurde am selben Tag von einem Hund aus der Nachbarschaft in den Oberschenkel gebissen. Kathrin wollte die Polizei rufen, damit der Hund erschossen würde, aber der weinende Thomas konnte sich plötzlich nicht mehr daran erinnern, welcher Hund es gewesen war.

Sorgfältig untersuchte Alexander seine Kleidung, dann blätterte er nochmals seine Brieftasche durch, vergewisserte sich, daß außer Geld nichts fehlte. Langsam ging er in Richtung Seilerstraße, um eine spiegelnde Scheibe zu finden, in der er sein Gesicht überprüfen konnte. Erst in der Seilerstraße fand er die dunklen Scheiben eines Hauseinganges und zugleich ein Licht, das ihm ins Gesicht leuchtete. Er strich sich die Haare glatt, trat näher an die Tür, schob sein Kinn hervor. Sein Gesicht schien sauber zu sein.

Natürlich war es zwecklos, zur Davidwache zu gehen. Ein mißgelaunter Polizist würde ihm eine Menge Fragen stellen, die er kaum beantworten konnte. Wie hatten sie ausgesehen? Natürlich brutal mit kalten Augen. Größe? Alle Angreifer erscheinen größer als man selbst. Gesichtsform? Wie Windhunde. Alter?

Mit wieviel Jahren entwickelte man genug kriminelle Energie für eine solche Tat? Welche Kleidung? Grünliche Blousons. Wissen Sie, wieviel Jugendliche grüne Blousons tragen? Die sind zur Zeit Mode.

Er betrachtete seine Hände, rieb seine Finger. Richtig, er hatte sich nicht gewehrt. Das kann tödlich sein. So war ihm nicht viel geschehen: Ein bißchen Geld fehlte, eine kleine schmerzende Stelle am Kinn, ein unbedeutender Riß in der Lippe. Warum zur Polizei gehen und sich peinlich als Opfer offenbaren? Aus solchen Vorfällen lernt man, mehr Wachsamkeit und vor allem mehr Selbstbewußtsein an den Tag zu legen. Aufrecht gehen. Opfer wird, wer sich als Opfer gibt. Wer sich beugt, wird geknickt. Wer den Kopf hängen läßt, wird erniedrigt. Wer schwankt, wird umgestoßen.

Er sog die Luft tief in sich hinein, straffte sich, drehte zur Straße und wich erschrocken in die Nische des Hauseinganges zurück. Auf der anderen Straßenseite gingen zwei Männer, und einer von ihnen war Egon - ohne grünes Jackett, das hing am Fensterkreuz seines Zimmers bei Scheibe, dafür mit einer braunen Wildlederjacke - aber unzweifelhaft Egon, der Schlachter. Alexander hielt den Atem an, wagte nicht, sich zu bewegen, bis Egon vorbei war. Dies war vielleicht seine Chance, den Spieß herumzudrehen und Egon zu beobachten.

In großem Abstand folgte er dicht an den Häusern entlang, immer bereit, zur Tarnung schnell in einen Hauseingang zu treten. Aber Egon ging zielstrebig, schnell, ohne sich umzusehen, bog links in eine kurze Straße ein, so daß Alexander ihn nicht mehr entdecken konnte, als er die Ecke erreicht hatte. Er zögerte. Egon konnte bereits wieder abgebogen sein, aber er konnte die Verfolgung auch bemerkt haben und sich irgendwo verborgen halten. Mit langen Schritten versuchte er, ungesehen die nächste Ecke zu erreichen.

Egon war weit voraus links auf der Simon-von-Utrecht-Straße.

Das war merkwürdig: Egon ging zurück. Alexander blieb im weiten Abstand. Er wollte ihn lieber verlieren, als bemerkt zu werden. Rechts, links, rechts, links, Straßen, die Alexander noch nie betreten hatte. Egon führte ihn im Zickzack Richtung Altona. Hielt er ihn zum Narren?

Endlich betrat er eine gewöhnliche Eckkneipe. Alexander wechselte die Straßenseite. "Zum goldenen Schwein". Der Name kam ihm bekannt vor. Er wartete im Schutz zweier Mülltonnen. Ein großer, dunkler Mann kam die Straße herauf, schob seine dünnen Beine und magere Schultern vor sich her. Eine Aktenmappe unter den rechten Arm geklemmt, betrat er ebenfalls das Lokal.

Alexander kreuzte gebeugt in der Deckung der parkenden Autos die Straße, schlich zur ersten Scheibe des Lokals und fand eine Lücke in den Gardinen. Dann schlich er um die Ecke und überblickte durch den dortigen Gardinenspalt den Rest des Lokals. Egon war nirgends zu entdecken. Hatte das Lokal einen Hinterausgang? Arbeitete er in der Küche?

Er wartete, spähte noch einmal durch beide Fenster. Die Gäste waren ältere Männer, nicht sehr gut gekleidet, und eine alte Frau mit öligen Haaren an der Theke. Der Wirt im Unterhemd mit Hosenträgern.

Alexander suchte sich einen Platz, von dem aus er das Lokal überblicken konnte. Das Ende eines langen Tisches mit Kunststoffplatte. Ein schwarz gekleideter Mann, wesentlich jünger als die anderen Gäste, saß ihm gegenüber. Er hatte den Blick nicht gehoben, als Alexander sich setzte. Er wippte mit seinen Beinen, so daß der ganze Körper leicht schaukelte und las in seiner Mappe. Plötzlich sah er in Alexanders Augen. "Wissen Sie, auf welchem Platz Sie sitzen?"

Alexander schüttelte leicht den Kopf und blickte auf die mit Schreibmaschine beschriebenen Blätter in dem Aktenordner. "Ist er besetzt?"

"Kaum. Niemand würde sich dorthin setzen." Er lachte.

"Warum?"

"Dort hat jahrelang ein Massenmörder gesessen, bis man bei einem Brand die verwesten Leichen der Frauen auf seinem Dachboden fand."

Er lachte, als sei das komisch.

25

Lou war Schriftsteller und befand sich an einem der Schauplätze seiner Geschichten. Er kannte die Geschichte Schunkes, des Mörders alternder Prostitutierter, bis hin zur Farbe der Müllsäcke, in die er die Leichen eingewickelt und in den Abseiten des Dachbodens gelagert hatte. Schunke war Mörder aus Lust und Mitleid gewesen. Hier an diesem Platz hatte er die Frauen kennengelernt, die niemand vermißte. "Zum goldenen Schwein" war eine Endstation. Wer hier Stammgast wurde, interessierte sich für andere nur noch im Augenblick ihrer Gegenwart. Wer zur Tür hinausging, dessen weiteres Schicksal war gleichgültig. Der Gesichtskreis der Gäste verengte sich zu einem schmalen Spalt, in dem Vorübergehende so kurz auftauchten, daß man sich nicht mehr die Mühe machen mußte, sie zu identifizieren.

"Ist das die Geschichte Schunkes?" Alexander zeigte auf das Manuskript.

Lou beugte sich vor, grinste, schüttelte den Kopf und damit die gesamten Einmeterneunzig seines Körpers. "Aber auch mit Mord. Ein Krimi. Die Geschichte eines Privatdetektivs, der keine rechte Identität besitzt. Er schlüpft nicht wie andere mit Masken und Kleidung in verschiedene Rollen, sondern verwandelt sich wirklich. Die Ereignisse zwingen ihm eine Gestalt auf. Es ist der schlechte, aber bleibende Einfluss, den die Stadt auf ihn ausübt." Er lachte über seine Erklärung, schob das Manuskript aufgeschlagen über den Tisch und hielt dabei den Zeigefinger auf eine Zeile. "Hier beginnt die Nacht im 'Goldenen Schwein'. Leroy ist Polizeikommissar, ein Freund des Privatdetektivs. Sie dürfen es lesen, wenn Sie wollen. Lesen Sie."

Ich folgte Leroy. Wir viertelten uns auf St. Pauli ein; in einer der übelsten Kaschemmen vom Tor zur Welt. Natürlich Kiez. Natürlich Müllieu. Und Japaner. Und Postkarten. Auch Huren. Aber selten. Sie starben aus. Die Kneipe "Zum goldenen Schwein" gab uns zwei Plätze am Tresen.

Das Publikum bestand aus dem Aussatz dieser Stadt. Penner, Berber und Eingeborene. In geschichtslosen Zeiten walraffte die Presse im goldenen Schwein, wählte zwei, drei besonders ekle Exemplare aus (Mit wenig Zahn. Und wenn Zahn, dann Siena bis Teer. Viel Akne. Auch Narben. Ein bißchen Haar. Aber fett. Gern mit Beinprothese. Auf jeden Fall voll Falten, die der Hunger, die Armut und Obdachlosigkeit schrieb.) - steckte sie z. B. in Yves-Saint-Laurent-Outfits und präsentierte sie in den Zeitungen unter Headlines wie, Mutationen, Monstren, aber Menschen - Des Bettlers neue Kleider - oder schlicht: Metamorphosen.

Leroy bestellte zwölf Bier für alte Bekannte, weitere zwölf für Unbekannte und je sechs für uns. Notizen aus der Provinz gingen über den Tresen, aktualisierte Lebensbeichten der Stammgäste, und Christa, seit Jahren auf der Straße, stellte uns Heinz vor. Heinz war eine Tätowierung auf ihrem linken Unterarm. Sie hatte Heinz mit einer Zigarette ausgebrannt - nur das Z von Heinz war noch übriggeblieben. Sie deutete auf eine weitere Narbe. Und das war Jochen. Den hab ich auch mit' ner Zigarette vernichtet, sagte sie grinsend. Ich grüßte Heinz, dann Jochen. Christa lachte. Die Narbe Jochen zwinkerte mir zu. Christa ließ uns wieder unter Männern sein. Die Wirklichkeit wurde Bier. Im Hintergrund eierte Seemannsgarn von Freddy Quinn aus der Musikbox. So ging die Nacht im goldenen Schwein.

26

Die Figuren aus Lous Geschichte waren alle versammelt. Sie saßen und hingen an der Theke, hatten ihre Plastiktüten zwischen den Beinen der Stühle versteckt und starrten in schales Bier. Sie standen schweigend um drei Skatspieler herum, saßen mit halbgeschlossenen Augen an den Tischen oder nickten sich in wortlosem Einverständnis zu. Einer sang halblaut zur Musikbox. Und Christa - es mußte Christa sein - hatte ihren Kopf mit den fettigen Haaren in ihren Armen auf dem Tresen gebettet. Der Wirt kratzte sich mit einem Teelöffel den Rücken.

"Kennen Sie Egon?" fragte Alexander.

Lou schüttelte den Kopf, eine Bewegung, die wieder den ganzen Körper zum Schaukeln brachte, und schlug seine Beine übereinander, dabei sank er in sich zusammen. Seine Beine und Arme schienen wie bei einer einfachen Gliederpuppe nur durch Haken und Ösen miteinander verbunden zu sein.

"Ich habe beobachtet, wie er hier hineinging." Alexander beschrieb den Schlachter.

"Ein Freund?"

"Eher nicht." Alexander überlegte, ob er ihm die Geschichte mit dem Schlüssel erzählen sollte, aber die Morgenpost, den Beweis, daß es wirklich der Schlüssel aus dem Mordfall war, besaß er nicht mehr. Er konnte sich getäuscht haben. Auch die Verfolgung durch Egon hätte eine Reihe zufälliger Begegnungen sein können. Die Geschichte, die allmählich in seinem Kopf gewachsen war, mußte nicht mit der Wirklichkeit übereinstimmen. Sie entstammte vielleicht nur dem Wunsch nach dem Ausbruch aus seinem gleichförmig bürgerlichen Leben. Vermutungen werden schnell wie Beweise gehandelt. Einzig Greifbares war Egons Forderung nach dem Schlüssel. - Aber hatte Alexander ihm nicht das Schlüsselwort in den Mund gelegt?

Lou wippte mit den Beinen und lächelte ihn an, als erwarte er eine Erklärung.

“Ich glaube, dieser Mann, Egon, verfolgt mich. Ich wollte die Sache umdrehen, und er verschwand in diesem Lokal.”

“Er verfolgt Sie? Warum?”

Alexander zuckte mit den Schultern. Die Musikbox setzte aus, und für einen Moment herrschte vollkommene Stille im Lokal, dann ertönte eine Bierbestellung, und im gleichen Moment setzten überall wieder die Gespräche ein.

“Kneipen mit Hinterausgängen, durch die Verfolgte verschwinden, gibt es das noch?”

“Wie würden Sie die Sache lösen?”

“Wahrscheinlich sitzt er hier, hat sich beim Hineingehen in einen Penner verwandelt. Schauen Sie jedem genau ins Gesicht. Andererseits wäre der Satz: Er hintertürte hinaus, auch nicht schlecht.” Er lachte über seinen Einfall. “Eines irritiert mich, wenn Sie seinen Namen kennen, dann müßten Sie doch wissen, warum er Sie verfolgt?”

Von der Theke aus beobachtete sie ein grauhaariger vollbärtiger Mann, drehte sich jetzt ganz zu ihnen und schwenkte sein leeres Bierglas.

“Künstler, was? Pinselschwinger?”

Alexander ahnte den Sinn der Worte mehr, als daß er sie verstand, denn als sich der graue, fleckige Bart öffnete, war da nur ein zahnloses Loch. Er schüttelte den Kopf energisch, um den Alten abzuwehren, der sicher nichts anderes vorhatte, als sie um ein Bier anzubetteln. Der Alte rutschte bereits von seinem Barhocker, riß ihn mit seinem Mantel um.

Der Wirt sah vom Zapfhahn auf und rief: “Werner, mach mal halblang.”

Werner hob ergeben die Hände, richtete den Hocker wieder auf und kam, auf Zehenspitzen tänzelnd, heran.

“Jungs, wie wär’s mit einem Bier für uns alle?” Er grinste, setzte sich zu ihnen, zog Alexander vertraulich am Ärmel und sang leise: “Es gibt kein Bier auf Hawaii.” Dann wandte er sich zu Lou. “Gnädige Frau, wo war’n Sie gestern? War’n Sie aus mit Ihren Schwestern?”

Der Alte roch nach Mottenkugeln, saurer Hühnerbrühe und

bitterem Alkohol. Alexander lehnte sich angewidert zurück. Lou fragte: "Kennst du Egon?"

"Ach Egon, Egon, Egon, du hast ja nur aus Liebe zu mir ein Glas zu viel getrunken," sang der Alte. "Friedel Hensch und die Cypris. Habe ich noch persönlich gekannt. Die Friedel hat mir mal gesagt, Werner, mit deinem Pickelarsch mußt du dich jeden Tag in Essigwasser setzen." Übergangslos begann er wieder zu singen. "Das alte Försterhaus, das steht nicht mehr."

Lou winkte dem Wirt. Als der ihn bemerkte, hielt Lou Werners Bierglas hoch und drei Finger. Werner reagierte mit "Bier her, Bier her, oder ich fall um."

"Kennst du nun Egon?" wiederholte Lou.

"Kennst du das Land, wo die Zitronen blüh'n? Banane, Zitrone, an der Ecke steht ein Mann. Banane, Zitrone, er lacht die Weiber an. Die süßesten Früchte fressen nur die großen Tiere, und weil wir beide klein sind...Pack die Badehose ein, nimm dein kleines Lesterschwein - Friedel sagte zu mir, Werner, du mußt ihn richtig reintunken, den Arsch." Plötzlich ließ er den Kopf fallen und starrte bewegungslos auf sein Bier.

Alexander hätte mitsingen können. Das waren die Lieder, die Kathrins Verwandte gesungen hatten. Er sah sich wieder auf der Hochzeitsfeier. Wie nie zuvor hatte er sich fast bis zur Bewußtlosigkeit betrunken, nur um nicht im ersten Stock über den im Wohnzimmer sitzenden und wissend grinsenden Tanten mit ihren anzüglichen Sprüchen die Hochzeitsnacht vollziehen zu müssen.

Sie hatte nie ein Wort darüber verloren, aber er ahnte, daß ihm Kathrin diese Nacht, torkelnd zwischen Bett und Klobekken, nie verziehen hatte.

"Drei Bier!" Der Wirt stellte die fast schaumlos gefüllten Gläser auf der Theke ab. Lou erhob sich, um sie zu holen, und Werner nahm Alexander wieder am Arm. "Egon ist ein wahrer Freund, ein Wohltäter der Menschheit. Nur mir nützt es nichts." Er steckte seinen Zeigefinger in das grindig gerahmte Loch seines Mundes.

Lou stellte das Bier vor ihnen ab und Werner trank sofort die Hälfte in einem Zug, dann wischte er mit dem Handrücken den Bart und sang: "Trink, trink, Brüderlein, trink, lass Deine Sorgen zu Haus. - Friedel, sag ich zu ihr, Friedel, jetzt ist mein Arsch glatt wie ein Kinderpopo, jetzt muß es sein. Hab'n Sie, hab'n Sie nicht, hab'n Sie nicht ne Frau für mich, nein, nein, nein..."

Er trank wieder und Lou nahm die Gelegenheit war, wieder nach Egon zu fragen. In diesem Moment wurde die Tür durch einen vorgestreckten Spazierstock geöffnet. Der alte Mann dahinter marschierte stampfend herein, geradewegs zur Theke, dann drehte er sich auf den Hacken, um mit dem ausgestreckten Stock auf Werner zuzumarschieren

"Neunundvierzig mal sechsundfünfzig!" kam es schneidend.

Werner erhob sich, salutierte und brüllte

"Zweitausenddreihundertsiebenundsechzig!"

"Vierundachtzig mal sechsundneunzig?"

"Fünftausendneunhundertundsieben!"

Die beiden nahmen sich in den Arm, marschierten zur Theke und Werner sang: "Wer hat so viel Pinkepinke, wer hat so viel Geld."

27

Natürlich, es hatte zwar so ausgesehen, als betrete er das "Goldene Schwein", aber Egon konnte ebensogut dicht an der Hausmauer entlang um die Ecke in eines der anliegenden Häuser gegangen sein. Ebensogut konnte er sich in der Küche aufhalten, in der der Wirt Roßwürste aufwärmte. Vielleicht gab es auch wirklich eine Hintertür, einen Weg durch die schäbigen Hinterhöfe zu einem mit Möbeln vom Müll ausgestatteten Kellerraum, in dem sich mit stummem Gruß Menschen trafen, sich hastig entkleideten, um sich gegenseitig blutig zu beißen. Eine Orgie sabbernder, schmatzender und grunzender Geräusche, gemischt mit kleinen spitzen Schreien, zufriedenen Seufzern und wollüstigem Stöhnen.

Alexander blickte zu ihm auf, und Lou versuchte, sich durch das Einziehen seines Kopfes kleiner zu machen. Auf dem Rückweg zur Reeperbahn waren sie im Licht einer Straßenlaterne stehengeblieben. Alexander gab ihm den Schlüssel. Lou zog die Augenbrauen hoch und die Mundwinkel herab, dann gab er ihm den Schlüssel zurück und zuckte mit den Schultern.

"Und er hat nicht schon vorher da gelegen? Ich meine - daß er gar nicht erbrochen wurde."

Alexander hatte eine solche Frage befürchtet. Lou glaubte ihm nicht, sondern vermutete, daß ihm von Anfang an seine Phantasie einen Streich gespielt hatte.

"Ich verstehe, man findet einen Schlüssel, schlägt die Zeitung auf und sieht das Bild eines Schlüssels aus einem Mordfall. Wer würde nicht sofort vermuten, es könnte sich um den gleichen handeln? Und in der Hand eines Menschen mit viel Phantasie verwandelt sich das Fundstück selbstverständlich in das Beweisstück. Das meinen Sie doch?"

"Tut mir leid, ich..."

"Schon gut."

Schweigend gingen sie nebeneinander her.

"Ich bin ja selbst unsicher", begann Alexander versöhnlich, "sonst würde ich zur Polizei gehen und den Schlüssel abliefern. Aber, wenn er es nicht ist - o Gott, mit all diesen Leuten in einen Topf geworfen zu werden, die sich bei einem Mordfall mit Hinweisen nur wichtig machen wollen..."

Lou sah ihn lächelnd von der Seite an, vergrub seine Hände tief in den Hosentaschen und zog den Kopf noch etwas tiefer ein. "Einmal berühmt sein."

Sie bogen in eine Straße ein, die direkt zur Reeperbahn führte. Im Licht der jetzt zahlreicheren Kneipen gingen sie automatisch langsamer.

"Warum erzählen Sie die Geschichte nicht diesem Maler? Wenn Ihnen jemand etwas über Egon sagen kann, dann er."

Sie waren stehengeblieben.

"Ich weiß nicht. Irgendetwas hat mich schon heute morgen davon abgehalten. Nein, das war ja nachmittags. - Als er mich mit in sein Atelier nahm,...das...das wirkte so inszeniert."

Lou betrachtete die aushängende Preisliste eines Lokals.

"Herrengedeck fünfzehn Mark! Was geht bei diesen Preisen dadrin Besonderes vor? Ein Herrengedeck ist bloß ein Schnaps und eine Flasche Bier."

"Was würden Sie an meiner Stelle tun?"

Lou wandte sich nicht von der Preisliste ab. "Nichts. Nach Hause gehen."

"Und dann?"

"Es ist doch nichts geschehen. Sie haben ein paar Verrückte kennengelernt."

"Man verfolgt mich, vielleicht bedroht mich ein Mörder. Ich bin möglicherweise im Besitz eines wichtigen Beweisstückes."

"Das ist Ihre Geschichte."

"Aber sie könnte wahr sein."

"Wollen Sie allein einen Mörder fangen?"

Lou betrachtete das Lokal mit den zugeklebten Scheiben und der schwarzen Eingangstür, dann ging er langsam weiter.

"Was würde Ihr Romanheld tun?"

"Auf die nächste Leiche warten. Aber was ist mit Ihrem Freund. Wie hieß er noch?"

"Andree."

"Ja."

Alexander sah auf die Uhr. "Wenn ich mich im Tag geirrt habe und er sich heute mit mir treffen wollte, ist es schon wieder zu spät. Ich habe ihn verpaßt."

Aus dem Schatten eines Hauseinganges trat ein jüngerer Mann in abgerissener Kleidung und kam unsicher auf sie zu. "Wollen Sie etwas sehen, das Sie noch nie gesehen haben?" Er flüsterte und zuckte mit dem linken Auge, unter dem eine gerade verschorfte Platzwunde glänzte.

“Nein”, sagte Alexander, aber Lou blieb stehen.

“Was soll das sein?”

“Es kostet 10 Mark.” Er sah nacheinander erst Lou, dann Alexander ins Gesicht, als wollte er sich ihr Aussehen einprägen, dann ergänzte er: “10 Mark für jeden von Ihnen. Eine echt komische Sache, ehrlich. Ich zeige es Ihnen, aber durch eine Glasscheibe. Deshalb nur 10 Mark.”

“Was ist es denn?”

“Nur durch's Fenster. Wenn Sie reingehen wollen, kostet es mehr.”

“Kein Interesse.” Lou machte Alexander Zeichen zum Weitergehen. Alexander schüttelte den Kopf.

“Wenn Sie nicht wenigstens sagen, was...”

“Es ist vollkommen ungefährlich. Wirklich. Wir gehen hier in einen Hinterhof. Ich klopfe für Sie gegen ein Fenster. Die Vorhänge gehen auf, und Sie sehen es. So lange Sie wollen. Für 10 Mark.”

“Eine nackte Frau, was?”

“Nein nein.”

“Was dann?”

“Es ist echt irre. Sie werden es nicht bereuen.”

“Warten Sie.”

Lou hatte sich ein Stück entfernt. Alexander ging ihm nach und flüsterte: “Kommen Sie. Wir sind zu zweit. Ich bezahle.”

Der Mann lotste sie durch den unbeleuchteten Hausflur, aus dem er gekommen war, und schob sie durch die Hoftür wieder hinaus. Er bedeutete ihnen, leise zu sein, und führte sie vor ein Fenster in Alexanders Augenhöhe. Er stellte sich auf die Zehenspitzen. Die Vorhänge waren zugezogen. Flüsternd verlangte der Mann das Geld. Alexander hatte schon während des Ganges durch den Hausflur nach dem zweiten Schein in der hinteren Hosentasche gelangt. Er gab ihn heraus. Der Mann hielt ihn in die Höhe, identifizierte ihn in dem spärlichen Licht, dann klopfte er leise gegen das Fenster.

Der Kopf einer Frau von etwa dreißig Jahren, mit kurzen

krausen Haaren, basedowschen Augen und schwer darüberhängenden Augenlidern, erschien für einen kurzen Moment zwischen den beiden Vorhangteilen und grinste blöde. Alexander sah den Mann an, der legte einen Finger auf die Lippen.

Nach einer Weile öffneten sich die Vorhänge, und die Frau wurde bis zur Hüfte sichtbar. Sie trug ein schwarzes, weit ausgeschnittenes Kleid mit aufgenähten Stoffrosen. Ihr Hals und ihre Arme, die sie über der Brust verschränkt hatte, waren im Verhältnis zu ihrem Körper viel zu kräftig. Der Kopf wirkte schmal und klein. Ihr Gesichtsausdruck war jetzt ernst und gleichgültig. Sie stand unbeweglich.

“Und - was ist mit ihr?” flüsterte Alexander. In diesem Augenblick hob die Frau ihren linken Arm und führte die vorher verborgene faltige Hand an ihre Wange. Sie griff nach ihrer Haut, zog daran bis sie länger und länger wurde, schließlich ein fast zehn Zentimeter breiter Hautlappen von ihrem Gesicht abstand.

“Nein”, flüsterte Alexander entsetzt, ohne den Blick abzuwenden. “Sie soll aufhören.”

Die Frau sah ausdruckslos auf sie herab. Alexander spürte die Schmerzen, die sie wahrscheinlich gar nicht hatte.

Das quietschende Geräusch eines sich öffnenden Fensters ließ den Mann neben ihnen zusammenzucken. Eilig scheuchte er sie durch das Haus zurück auf die Straße.

“Gummihaut”, sagte Lou, “eine Krankheit des Zellgewebes.” Sie blieben stehen und sahen sich um. Der Mann war, von ihnen unbemerkt, wieder in das Haus gegangen.

“Wahnsinnig.”

“Das auch”, sagte Lou.

28

Er sah Lou nach, wartete zwischen den breitgetretenen Ketchup- und Mayonnaiseflecken, bis selbst Lou mit seinen Einmeterneunzig zum Mann in der Menge wurde, bis seine dünnen Glieder mit denen anderer, die ihm auf der Reeperbahn entgegenkamen und hinter ihm gingen, untrennbar verschmolzen, erst dann drehte er sich um und folgte den Speiseresten auf dem Pflaster.

“Original dänische Hot-Dogs”. Nein, die dänischen hatten eine andere Farbe, aber immerhin mit gerösteten Zwiebeln, in einem weichen Brötchen, mit Senf, Ketchup und Remoulade übergossen und den süßen Gurken. Von allem so viel, daß niemand hineinbeißen konnte, ohne zu kleckern. Das war fast wie in Dänemark. Sie kannten sich erst wenige Wochen, beobachteten sich noch ohne den Wunsch, den anderen zu verändern. Und das Essen eines Hot-Dogs war ein erotisches Vergnügen, wie hinterher das Softeis. Und dann Kathrins argloses Lächeln über das vor ihnen liegende Leben!

Mit Thomas war ihr Leben in kleine, saubere Portionen eingeteilt worden. Und vor allem war die Welt giftig geworden, und endlich. Die Lebensmittel mußten auf ihre Inhaltsstoffe untersucht werden. Überall lauerten Gefahren. Lange Listen mit krebserzeugenden Chemikalien und Strahlungsmengen mußten gelesen und an den Küchenschrank geheftet werden. Die Wissenschaft strebte nicht mehr nach Vervollkommnung der menschlichen Lebensform, sondern zeigte ihr Ende an. Keine Hot-Dogs mehr. Schlimmer noch: Der Baum, auf den sie in Dänemark geklettert waren, um auf einem starken Ast sitzend gierig ihr Softeis zu lecken, war damals ein schöner Baum, ein Symbol ihrer Liebe gewesen. Heute konnte man nicht mehr ohne Schuld auf Bäumen sitzen - ohne an den Tod zu denken.

“Mit Zwiebeln.” Er zeigte auf die Plastikdose, und der Mann mit dem weißen Käppi streute wortlos Zwiebeln über den Hot-Dog, dann legte er ihn in die wellenförmige Halterung auf der Theke, wischte die Hände an der Schürze, um das Geld gleichgültig in Empfang zu nehmen.

“Unser Gehirn”, sagte der Mann neben ihm und setzte die Colaflasche an. Er trug die Mütze eines Hafenarbeiters, mit schwarzem Plastikschirm und ein kragenloses blaues Hemd mit weißen Streifen über der Cordhose. “Unser Gehirn!” Er lachte kurz. “Es gehört uns gar nicht.” Er betrachtete seinen angebissenen Hot-Dog mit der auf die Theke quellenden Mischung aus Senf, Ketchup und Remoulade und nahm ihn mit spitzen Fingern.

Kathrin hatte ihm in Dänemark das gemeinsame Hot-Dog-Essen beigebracht: Man spreizt die Beine, beugt sich weit vornüber, bis sich die Köpfe fast berühren und beißt hinein. Nur mit dieser Haltung war es möglich, sich nicht zu bekleckern. Der Hafenarbeiter kannte die Methode.

“Im Vergleich zu allen anderen Organen ist das Gehirn ein Fremdkörper. Es sitzt da oben wie eine Qualle mit langen Tentakeln, die es in alle Regionen unseres Körpers ausschickt, um uns zu steuern. Es bewegt uns, wie ein Puppenspieler an den Fäden zieht und die Glieder seiner Puppe zucken läßt.”

Sie verneigten sich wieder voreinander, um in ihren Hot-Dog zu beißen.

“Es ist ein eigenständiges, fremdes Lebewesen, ein Tier, das sich in uns eingenistet hat. Es bestimmt vollständig über uns, hat uns vollkommen in seiner Gewalt. Alles, was wir tun, tun wir zu seinem Wohl. Tagsüber hält es sich mit seinem Eigenleben zurück, um uns am Leben zu erhalten, aber abends läßt es uns müde werden. Wenn wir schlafen, beginnt sein eigenes Vergnügen. Es macht uns bewußtlos, damit wir nichts von seinem ausschweifenden Leben erfahren. Es nimmt dann Kontakt zu anderen Gehirnen auf und gemeinsam taumeln, rasen und tanzen sie durch eine endlose, schrille Welt voller Jahrmärkte und Feuerwerke. Eine Welt, die es uns niemals zeigen wird, denn könnten wir sie sehen, würden wir uns dieses Tier aus dem Kopf reissen.”

Alexander hatte den etwa Dreißigjährigen irritiert angesehen. Jetzt biß er wieder in sein Hot-Dog.

“Eine seltsame Theorie.” Es klang schleimig, sein Mund war noch voller Remoulade.

“Ach, Sie sind Anhänger von Darwins Thesen. Es gibt keinen Beweis dafür, daß sich das Gehirn langsam entwickelt hat. Es fehlt immer noch das Bindeglied zwischen Mensch und Affe. Dagegen gibt es viele Beweise, daß die Menschen ganz plötzlich ein Gehirn hatten. Und die mit Gehirn töteten alle ohne Gehirn. Dafür gibt es auch viele Beweise.”

Er warf den Rest seines Hot-Dogs angewidert in den Papierkorb, wischte sich den Mund mit dem Handrücken und griff zur Colaflasche.

Alexander leckte das an seiner Hand herunterlaufende Ketchup ab. “Und nehmen wir mal an, jemand ist ein Mörder. Er hat einen anderen umgebracht und...”

“Ach, natürlich gibt es auch unter Gehirnen Feindschaft!”

“Er ist also unschuldig?”

“Zumindest nicht zurechnungsfähig. Das Gehirn hätte die Tat ja verhindern können. Ohne Gehirn ist der Mensch ein vollkommen harmloses Wesen, das wissen Sie doch!”

“Das Gehirn ist das Böse?”

“Das berechnende Böse. Durch und durch. Hätte es sich sonst in einem so harmlosen Tier wie dem Menschen festgekrallt?”

Alexander lächelte. “Wenn das Gehirn so viel Macht hat, warum läßt es dann zu, daß Sie sein Geheimnis verraten?”

“Glauben Sie, daß ich recht habe?”

“Eigentlich nicht.”

“Sehen Sie, das ist der Beweis. Es läßt mich diese Sachen sagen, weil es genau weiß, daß mir niemand glauben wird. Außerdem ist Ihr Gehirn ebenfalls nicht daran interessiert, daß Sie die Wahrheit erfahren.”

Alexander zuckte mit den Schultern, säuberte sich den Mund und die Hände mit einer Serviette und warf sie am Ausgang in einen großen Plastikbottich.

“Denken Sie darüber nach”, rief ihm der Mann nach. Alexander drehte den Kopf. “Womit?”

29

Nach zwei vergeblichen Anläufen überquerte Alexander in großen Sprüngen die zwei Verkehrsströme der Reeperbahn. Touristenbusse, Mercedese von Zuhältern und Spielhallen-Besitzern, dazwischen die mit grölenden und kichernden Jugendlichen überladenen Kleinwagen. Typischer Samstagnacht verkehr.

Am anderen Ufer blieb er vor dem türkischen Laden stehen, besah die Reihe der unterschiedlich geformten Feuerzeuge, die leuchtenden Uhren mit den arabischen Schriftzeichen. Seine Augen folgten den langsam aufsteigenden farbigen Blasen in einer Glasröhre. Ganz oben über den Kofferradios und Funktelefonen thronten fächerförmig zwölf Fleischmesser. Mattschimmernde Solinger Stahlware. Er erkannte die strenge Ordnung des Fensters: Ein Altar mit Opfergaben.

Langsam ging er weiter. Zu “Tinto”. Vielleicht war Andree da, Andree, mit dem er nichts mehr zu besprechen hatte. Denn jetzt wußte er, was sich hier verändert hatte. Es waren nicht die in Spielhallen, Peep-Shows und Pornoläden verwandelten Kneipen. Das war nur die Folge jener Sehnsucht nach einfachen, überschaubaren Abläufen, nach schlichtem Funktionieren. Aber alle Menschen hatten eine Opfermentalität entwickelt, nicht nur er selbst. Sie waren Opfer ihrer Erziehung, ihrer Beziehung, ihrer Arbeit, Opfer der Gesellschaft, der Technik, Opfer staatlicher Willkür, Opfer ihres eigenen Umgangs mit der Erde. Jeder wollte als Opfer erkannt und behandelt werden, sich als Opfer vergnügen.

Alexander begeisterte sich an seiner Idee, durchdachte sie

nach allen Seiten, ging schneller, fand immer neue Beweise für die Richtigkeit seiner Gedanken, bemerkte nicht einmal die Aufdringlichkeit der Prostituierten am Wiener-Wald-Eck und stand plötzlich vor "Tinto".

Er ging langsam bis zur Mitte des oberen Raumes, um Andree oder ein bekanntes Gesicht zu entdecken. Die Tische waren alle besetzt. Ein dunkelhaariges Mädchen blickte auf und lächelte ihm erwartungsvoll entgegen, bis sie ihren Irrtum bemerkte. Auch im unteren Raum war niemand, den er kannte. Er schwenkte zur Tür, noch unentschlossen, ob er gehen oder an der Bar etwas trinken sollte. Wontroba stand schmal mit hochgezogenen Schultern und leicht vornübergebeugt zwischen Tür und Zigaretten-Automat. Er hustete vor sich hin, war dann für einen Augenblick ganz und gar der letzte Zug aus seiner Zigarette.

"Hallo."

Wontroba sah auf. Seine Augen waren rotgeädert. Er hustete verhalten weiter, grinste dann, wies auf die Theke und fragte röchelnd: "Alkohol?" Es schien ihm nicht gut zu gehen.

"Ihr habt wohl gestern noch ein paar Leute gefunden für eure Wette, was?"

Wontroba grinste nur, bestellte Grappa und Espresso für beide. Sein dünnes Haar lag klebrig über dem Kopf, die Pickel auf seiner Stirn hatten seit gestern an Farbe gewonnen, und der dünne Trench hing fleckig und zerknittert an ihm herunter, als wäre er in dieser Nacht seine Decke gewesen zwischen Kantstein und Straßenpflaster. Er trank erst den Kaffee, dann den Grappa in einem Zug und bestellte das gleiche noch einmal.

"Wo sind die anderen?" fragte Alexander.

Wontroba kicherte. "Hinüber." Er stützte sich mit beiden Ellbogen auf die Theke, nahm den Kopf zwischen die Hände und starrte in die leere Espresso-Tasse. Die Bedienung tauschte sie gegen eine volle aus, ohne daß Wontroba seinen Blick veränderte, dann furzte er, hustete im gleichen Moment, um das Geräusch zu übertönen, drehte sich zu Alexander und grinste. "Ich war mal in Afrika. Wir standen auf diesem Flughafen. Es war drückend heiß. Wir schwitzten wie die Schweine, weil wir noch unsere europäischen Klamotten trugen. Du kannst dir das gar nicht vorstellen: Das Hemd klebt am Körper, der Schweiß sammelt sich in den Brauen und beginnt, dir in den Augen zu brennen, und du stehst in dieser stickigen Halle mit den anderen stinkenden weißen Touristen und wartest auf deinen Koffer. Du willst nur raus an die frische Luft, dabei weißt du, daß draußen mindestens 45 Grad im Schatten sind, und die Sonne dich erschlagen wird. Die Leute begannen, leise zu murren und zu fluchen. Sie fühlten sich fremd und waren zu feige, laut zu werden. Und dann, nach einer halben Stunde des Dahinschmelzens in den eigenen Körperausdünstungen, bewegt sich endlich das Transportband. Der erste Koffer erscheint, alle drängen nach vorn und weichen entsetzt zurück. Ein bestialischer Gestank erfüllt den Raum. Auf dem ersten Koffer klebt ein Stück Scheiße, der zweite ist naßgepißt, der dritte ist mit benutztem Klopapier drapiert, der vierte offenbar von einem Mann mit Durchfall behandelt und so weiter und so weiter. Verstehst du, die scheißen auf dich, die wollen dich nicht. Recht haben sie."

Er nippte an dem zweiten Espresso und verschwand eilig in Richtung Toilette. Alexander verteidigte Wontrobas Barhokker. Im Spiegel der Bar sah er hinter sich zwei Farbige stehen. Ob sie die Geschichte gehört hatten?

Wontroba kam zurück, nahm grinsend seinen Platz ein.

"Wer ist eigentlich dieser Egon?" fragte Alexander.

"Ein verrückter Irrer."

"Harmlos?"

"Von welchem Menschen kann man schon sagen, daß er harmlos ist?"

Alexander betrachtete Wontrobas Ohren. Sie waren durchscheinend dünn wie bei einem Tier. Nur die Ohrläppchen waren dick und fest mit kleinen schwarzen Mitessern.

"Zu wenig Flüssigkeit." Wontroba schob die Schnapsgläser

und die Tassen von sich und bestellte einen halben Liter Rotwein.

“Egon war mal Fotograf. Er hatte einen kleinen verstaubten Fotoladen in Altona - von seinem Vater geerbt. Hochzeitsfotos und so. Aber dann fing er an, diese Aufnahmen zu machen, irgendwann kam alles raus und er war den Laden los. Er hat wohl ein paar Jahre gesessen.”

“Was für Aufnahmen?” Alexander nahm das ihm hingeschobene Weinglas.

“Er fing an, kleine Kinder zu fotografieren.”

“Na und?”

“Nackt. - Weißt du, diese Fotos waren von ungewöhnlicher künstlerischer Qualität. Ich habe viele davon gesehen. Eines werde ich nie vergessen. Er hatte ein kleines Mädchen nackt in die Backröhre seines Küchenofens gesteckt. Es sah ganz ernst heraus, und das Bild zeigte genau den Auschnitt dieses alten Gasofens. Ein irrsinnig gutes Foto. Die Kinder machten freiwillig mit. Er fuhr mit ihnen in Abbruchhäuser, stillgelegte Fabriken und zerstörte Landschaften. Immer war es dieser Gegensatz. Die Kinder wirkten wie ausgesetzt, ausgesetzt in einer Welt, die sie notgedrungen zu ihrer eigenen machen mußten.

Stell dir vor, ein vierjähriger Junge liegt nackt und entspannt am Rande eines öligen Teiches, aus dem rostiges Gestänge ragt und rund um ihn die faulenden Stümpfe eingegangener Bäume und Pflanzen."

“Warum kam er ins Gefängnis?”

“Natürlich glaubte ihm niemand, daß die Kinder freiwillig mitkamen.”

Wontroba grinste und hob sein halb gefülltes Weinglas mit den Zähnen vom Tresen in die Höhe. Alexander hatte den Eindruck, daß ihm sein Eifer, mit dem er die Geschichte erzählt hatte, peinlich war.

“Und heute? Was macht er heute?”

“Weißt du, was ich glaube?” Er hielt inne und sah Alexander nachdenklich an. “Ich glaube, er läuft herum und macht Fotos.

Er macht Fotos von Menschen, stellt phantastische Szenen und alles ohne Kamera. Er animiert und provoziert die Leute und fotografiert sie dann. Nur, daß er dazu gar keine Kamera mehr braucht. Mein Gott, warum bin ich da nicht schon früher drauf gekommen!"

Er winkte der Bedienung, bestellte eilig zwei Grappa und grinste Alexander mit gelben Zähnen an.

"Stell dir vor, was für ein wahnsinniges Objektiv das menschliche Auge ist. Und alles ist sofort entwickelt - bloß: wie fixiert es die Bilder? Was?"

30

Lisa war gekommen. Sie zwängte sich zu ihnen durch und schob Alexander zur Seite. Es war eng und Alexanders Nase tauchte in ihr fülliges blondes Haar, jedesmal, wenn er von hinten geschoben wurde.

Sie hatte Wontroba mit einem flüchtigen Kuß auf die Wange und dem Satz "Scheibe dreht durch" begrüßt. Dem kurzen Gespräch entnahm Alexander, daß sie das Mädchen war, das Wontroba letzte Nacht bei Scheibe untergebracht hatte. Dann gab sie Alexander wieder etwas Raum und sah ihn schweigend an. Sie war sehr jung und hübsch, hatte ausgeprägte Wangenknochen und ihr etwas zu breites Gesicht kaschierte sie mit ihren langen Locken.

"Hast du Geld?" fragte sie.

"Warum?"

"Ich habe keins."

Sie sah ihn abschätzend an. Alexander grinste hilflos.

"Ist das dein Glas?" Sie nahm es. "Darf ich?"

"Bitte."

Sie drehte das Glas langsam und goß es über Alexanders

Schuhen aus. Dann drängte sie sich wortlos an ihm vorbei in den hinteren Teil des Lokals hinein.

Alexander schüttelte nacheinander seine Füße und sah dann in Wontrobas lachendes Gesicht.

"Sie kommt aus Bielefeld", erklärte der.

Die mit einem roten Tuch verhangene Lampe war die einzige Lichtquelle in dem Pensions-Zimmer. Die Haut des Jungen sah in diesem Licht glatt und gleichmäßig aus. Eine Männerhand, rauh und schweißig, fuhr massierend über seine Schulter. Dann spürte der Junge den Atem im Nacken, dann die spröden Lippen, dann die Zähne, ihren Druck stärker und stärker.

"Du tust mir weh."

"Was ich nicht zwischen meinen Zähnen spüre, ist nicht wirklich da."

Der Junge lachte. "Wie bei einem Kind, das alles in den Mund nehmen muß?"

Er hatte plötzlich Angst, stand auf, ging zum Fenster und sah durch den Vorhang auf die Reeperbahn herab. Dann dachte er an das Geld.

Wontroba hatte seine Arme auf die Theke gelegt und starrte sein Weinglas an. Über seinen Kopf hinweg wurde die Reihe der Gäste hinter ihnen mit Flaschen und Gläsern bedient.

Alexander ließ sich von der Bar abdrängen und versuchte vergeblich, Lisa zu entdecken. Es war inzwischen so voll geworden, daß die Kellner sich nur noch mit lauten "Permesso"-Rufen einen Weg für ihre Teller und Flaschen bahnen konnten. Eine Vorspeise fiel zu Boden und wurde sofort breitgetreten. Plötzlich stand Lisa neben ihm, zog ihn an der Jacke zu sich.

"Was ist nun?"

"Was?" Er mußte sich nahe zu ihr herabbeugen, um sie im allgemeinen Lärm zu verstehen. Neben ihnen begann ein Paar nach dem Tango aus der Musikbox zu tanzen. Rücksichtslos rempelten sie ihn an. Der Mann grinste entschuldigend.

“Du bist verheiratet, was?” Lisa knöpfte ihm den oberen Hemdknopf zu. “Das paßt besser zu dir.”

“Was soll das?” Er drückte ihre Hand weg und öffnete den Knopf wieder. Zum ersten Mal lächelte sie und offenbarte einen weiteren Makel ihrer Schönheit: Zu große Lücken zwischen den Zähnen. Diese Beobachtung half Alexander, ihre Provokation gelassener hinzunehmen.

“Hast du Egon gesehen? Du hast doch dort übernachtet?”

“Ach, Scheiße. Was seid ihr alle für Spießer.” Sie drehte sich von ihm weg, umarmte einen Mann mit Halbglatze und küßte ihn auf die Wange. Der sah sie überrascht an und versuchte, sie dann ebenfalls zu umarmen, aber sie stieß ihn von sich fort, drehte sich wieder zu Alexander und musterte ihn mit zusammengekniffenen Augen.

“O.K., du darfst mir was zu Essen und zu Trinken bestellen.”

Sie zog ihn am Arm in den unteren Raum. An einem hinteren Tisch wurde gerade bezahlt. Lisa löste sich von ihm und organisierte die Plätze.

Sie setzten sich einander gegenüber. Der Tisch war vollgestellt mit benutzten Tellern und Gläsern. Es dauerte eine Weile, bis alles abgeräumt war. Lisa sprach nicht, sah ihn nur feindlich an, streckte die Füße von sich, lehnte sich zurück und kaute intensiv auf den Fingernägeln ihrer linken Hand. Sie schien mit ihren Gedanken weit weg zu sein. Schließlich gab sie sich einen Ruck, und es gelang ihr, ohne aufzustehen einen mürrischen Kellner am weißen Jackett zu ziehen und Weißwein und Spaghetti für sich zu bestellen.

“Woher kennst du Wontroba?” fragte Alexander.

“Scheiße. Du kannst mein Essen bezahlen, aber das gibt dir noch lange nicht das Recht, mich auszufragen.” Sie begann wieder, Fingernägel zu kauen.

“Was für eine Art Arschloch bin ich deiner Meinung nach?” Alexander sah sie belustigt an.

Sie schwieg, zog eine zerknitterte Zigaretten-Packung aus der

Tasche und zündete sich mit verkniffenem Gesicht eine an, dann sah sie sich interessiert die Leute an den anderen Tischen an. Es war ihm klar, daß sie versuchte, ihn zu einem barschen Wort, vielleicht zu einer unbeherrschten Handlung zu bringen.

"Warum bist du so?" Sie zeigte keine Regung.

"O.K., ich zahle auch für das Gespräch."

"Fünfzig Mark!" Ihr Blick war lauernd, als würde sie jeden Moment aufspringen, um mit ihren zerkauten Fingernägeln sein Gesicht zu zerkratzen.

"Gut."

Sie lehnte sich zurück und lächelte verächtlich. "Das würde dir so passen, daß du alles kaufen kannst."

"Was willst du eigentlich?"

Er beschloß, sie ebenso zu provozieren. "Für eine attraktive Frau ist dein Busen viel zu klein." Schon als er es aussprach, wußte er, daß es falsch war, daß sie damit ihr Ziel erreicht hatte, ihn zu einer blöden Äußerung zu bringen. Er bekam die entsprechende Antwort:

"Sicher, für Männer, die nur mit dem Schwanz denken."

"O.K., du hast gewonnen. Mit deiner Art hast du mich dazu gebracht, diesen Unsinn zu sagen."

"Ist dir dein verkümmertes Geschlechtsteil eingefallen?"

"Vielleicht ist es besser, ich gehe an die Bar zurück. Ich zahle dann deine Rechnung." Er hoffte, sie würde ihn zum Bleiben bewegen. Sie gefiel ihm und hinter ihrer rüden Art mit ihm zu reden, verbarg sich vielleicht doch ein Interesse an ihm. Es erinnerte ihn an die Neckereien mit den Mädchen, während seiner Schulzeit. Auch damals waren die gegenseitigen Attakken oft soweit gegangen, daß man sich verletzte, obwohl man sich liebte. Er würde jetzt gern den Arm um sie legen, ihr Haar streicheln und sie um Verzeihung bitten. Aber sie lehnte sich noch weiter zurück, ließ ihren Kopf nach hinten fallen und verschränkte die Arme.

"Ich möchte", sagte sie gedehnt, "daß du jetzt deine Jacke ausziehst und dann dein Hemd, und dann hältst du still." Ihrem Gesicht war nichts anzusehen.

Langsam zog er seine Jacke aus. Ihr Gesicht blieb reglos. Dann knöpfte er sein Hemd halb auf und zog es über den Kopf. Blitzschnell kam ihr Lippenstift quer über den Tisch und schrieb mit kräftigem Druck das Wort "Fleisch" auf seine nackte Brust. Die Gespräche im Raum erstarben, und alle sahen ihn an.

Lisa lehnte sich zurück, leise sagte sie: "Du kannst dich wieder anziehen." Alexander versuchte, das aufsteigende Blut zu dämmen.

31

Immer wieder sahen die Gäste zu ihm herüber, versuchten ihre kurzen kontrollierenden Blicke als zufällig erscheinen zu lassen.

Eine Frau lächelte ihn an. Er lächelte zurück, nahm an, daß sie ihn von früher kannte, bis ihm einfiel, daß er sie in einer Fernsehsendung gesehen hatte. Eine jener Talk-Shows, die Kathrin unbedingt sehen mußte, bei der sie keine Störung duldete, so daß er einmal, als sie während der Sendung auf seine Fragen nicht antwortete, wütend den Fernseher ausgeschaltet hatte. Seitdem besaß sie ihren eigenen Fernseher im Schlafzimmer, ging mit Mineralwasser, Chips und der Programmzeitschrift früh zu Bett, während er in stummem Protest im Wohnzimmer saß, in der Zeitung laß und sich nur späte Filme anschaute. Wenn er ins Bett ging, schlief sie vor dem laufenden Fernseher.

Lisa versuchte, die Spaghetti um ihre Gabel zu wickeln, gab nach ein paar Versuchen auf, zog den Teller zu sich heran, stützte sich mit beiden Ellbogen auf und beugte sich dicht über den Teller. Sie aß wie ein Hund, konzentriert und schnell, sog die Nudeln in sich hinein, stopfte mit der Gabel nach und kümmerte sich nicht darum, daß ihr die Soße das Kinn hinunterlief.

Es war nicht nur ihre provozierende Art, mit ihm umzugehen, ihre ungezwungene Art zu essen, die ihn reizte. Sie stöhnte, schob den halbleeren Teller von sich, wischte sich das Kinn mit der Serviette und sah ihn mit einem Lächeln an, das sich in Alexanders Brust als wehmütiger Schmerz sammelte. Es war ein kindliches Lächeln in einem erwachsenen Gesicht. Ein hilfloses Lächeln, das Ansätze von Falten offenbarte, unter den Augen und an den Wangen. Es waren diese noch schwachen Anzeichen eines zukünftigen Gesichtes, das alles andere als schön sein würde, und ihr Blick aus den zu engstehenden Augen, der dies wußte - dafür liebte er sie. Sie hatte keine Zeit, sie mußte herausfordernd sein.

Um von ihrem Blick loszukommen, schenkte Alexander die Weingläser wieder voll, dann nahm er einen neuen Anlauf, um etwas über ihren Aufenthalt bei Scheibe und Egon zu erfahren.

"Dieser Egon hat ein merkwürdiges Spiel mit mir getrieben, das heißt, ich glaube, es war ernst. Ich denke, er ist ein gefährlicher Mensch."

Sie lachte verächtlich. "Wenn ich etwas gelernt habe, dann Männer auf einer Skala von gefährlich bis harmloser Idiot einzuordnen."

"Wo stehe ich auf dieser Skala?"

"Außerhalb."

Er runzelte die Stirn.

"Du bist eine Null, ein Nichts. Du kommst gar nicht vor."

"Und Egon?"

"Harmlos."

"Warum?"

"Als ich aufstand, war er in der Küche, trank warme Milch", sie rümpfte die Nase, "und sagte, ich sollte verschwinden, bevor Scheibe käme. Ich hätte es man tun sollen."

"Wieso?"

Sie atmete tief ein und stieß die Luft aus der Nase."Scheibe hat das Prädikat gefährlich. Er kam und es ging ihm ziemlich schlecht. Es dauerte eine Weile, bis ich merkte, daß er nicht betrunken war. Es ging irgendwie von seinem Kopf aus. Er fing an, in der Wohnung herumzutorkeln und wollte mich umbringen."

Sie verlangte eine Zigarette. Er wollte sie ihr anzünden, aber sie nahm ihm das Feuerzeug aus der Hand. "Er ist richtig mit dem Messer auf mich los. Da hab ich mich in seinem Zimmer eingeschlossen."

"Aber warum wollte er das?"

Sie zuckte mit den Schultern und erzählte unlustig weiter. "Egon hat ihn angeschrien und ich glaube, auch geschlagen. Dann ist Scheibe aufs Klo und hat sich ausgekotzt. Hat alles vollgemacht. Immer wieder. Und gestöhnt, daß er es nicht mehr aushält - und Egon solle ihn endlich umbringen."

"Er war nicht betrunken?"

"Sag ich doch."

"Und?"

"Er ist dann wieder abgehauen und Egon hat angefangen, auf Knien das Klo zu schrubben.- Scheiße, ich habe meine Tasche da stehen lassen."

Sie begann abwechselnd, an der Zigarette zu ziehen und an ihren Fingernägeln zu knabbern.

"Hast du mit Scheibe geschlafen?"

"Und wenn, ginge es dich nichts an."

"Ich versuche ja nur, eine Erklärung für sein Verhalten zu finden."

"Ich will dir sagen, was mit dem los ist: Der ist am Ende, im Arsch. Wenn Wontroba nicht Egon als Aufpasser engagiert hätte, wäre der längst in einer geschlossenen Anstalt. Was meinst du, warum der Scheibe heißt?"

Sie wedelte mit der Hand vor ihrem Gesicht: "Mattscheibe!"

"Wontroba hat Egon als Aufpasser..."

"Na, was meinst du, wer das ganze Atelier bezahlt? Scheibe vielleicht?"

Mit Wucht drückte sie die halbgerauchte Zigarette im Ascher aus, stieß sich vom Tisch ab und stand mißgelaunt auf. "Ach, laß mich mit dem ganzen Mist in Ruhe!"

"Warte."

Sie ließ sich nicht aufhalten.

32

Mit siebzehn wäre er jetzt wahrscheinlich nach Hause gegangen, um ein Gedicht zu schreiben. Das war oft geschehen. Als er zwanzig wurde, hörte er auf, Gedichte zu schreiben und begann, sich stattdessen zu betrinken. Das war bis heute so geblieben.

Lisa hatte ihm eine halbe Flasche Wein gelassen.

Drei seiner Gedichte hatte er sogar einmal an eine Zeitschrift geschickt, ohne jemals Antwort zu bekommen. Es waren über zwanzig Stück, die er noch heute aufbewahrte, manchmal las. Sie gefielen ihm immer noch. Er hatte sie immer vor Kathrin geheimgehalten. Dann aber waren sie ihr beim Aufräumen in die Hände gefallen.

Er goß sein Glas voll und trank es aus. Dann zog er Lisas Teller und ihre Serviette zu sich heran. Er untersuchte das steife Tuch nach ihren Lippenstiftspuren, fand sie, prüfte mit der Zungenspitze den Geschmack. Dann nahm er ihre Gabel, leckte sie ab und probierte ein paar der inzwischen erkalteten Spaghetti. Schließlich griff er nach ihrem Glas, suchte den Abdruck ihrer Lippen und trank vorsichtig von der gleichen Stelle die wenigen verbliebenen Tropfen.

Kathrin hatte ihm nicht geglaubt, daß es seine Gedichte waren. Kopfschüttelnd hatte sie sie gelesen. "Nein, nein, die sind nicht von dir. Die muß jemand anderes geschrieben haben. Gib schon zu, daß du sie abgeschrieben hast. Oder hast du jemanden beauftragt, sie für dich zu schreiben? Nein, nein, das spürt man sofort, die sind nicht von dir, die stammen von einem ganz anderen Menschen. Damit hast du vielleicht deine damaligen kleinen Freundinnen beeindrucken und überzeugen können, aber mir machst du nichts vor. Ich kenne dich doch!"

Sie war nicht davon abzubringen. Er stand vor ihr wie ein Betrüger. Schwieg den Rest des Abends und verachtete das Essen, das sie gekocht hatte.

Im Durchgang zum vorderen Raum wurden im Gedränge kurz Wontroba und Lisa sichtbar. Lisa hatte ihm den Rücken zugekehrt, sprach mit Wontroba und zupfte dabei an seiner Kleidung, dann drehte sie sich um, schwieg, sah über Alexander hinweg, wendete sich wieder Wontroba zu, redete auf ihn ein und schob ihn dabei in die Menge zurück, so daß Alexander sie nicht mehr sehen konnte. Ein kurzer choreografisch inszenierter Auftritt mit kleinen tänzelnden Schritten, der sicher ihm gegolten hatte. Trotzig blieb er sitzen, ritzte den Stoff der Serviette mit dem Daumennagel und senkte sein Gesicht über das Weinglas. Er kaute an seiner Unterlippe, bis ihm ein leichter Schmerz wieder die Wunde bewußt machte. Er tupfte mit der Serviette darauf. Es blutete wieder. Wahrscheinlich war sie noch nicht einmal neunzehn und brachte ihn dazu, sich wie ein Teenager zu benehmen. Alte Männer geben immer eine lächerliche Figur ab, wenn sie hinter jungen Hühnern herstolzieren. Wütend über sich selbst warf er die Serviette weg, erhob sich, um sein Gesicht im Spiegel der Toilette zu prüfen. Im Stehen trank er den Rest des Weines, dann drängte er sich, ohne jemanden anzusehen, zur Kellertreppe durch. Der beißende Geruch der Reinigungssteine mischte sich hier mit den Gerüchen der Küche. Er mußte einem Kellner Platz machen, der ihm mit drei Nudeltellern auf dem Arm entgegenkam. Unten schob ein Küchengehilfe eine Tonne mit Essensresten in den Vorraum und schloß schnell wieder die Küchentür. In der Küche wurde mehrstimmig der "Barbier von Sevilla" gesungen. Alexander begann flach zu atmen, um so wenig wie möglich von der ätzenden Luft einzusaugen, dann öffnete er die kleine Tür. Im gleichen Moment wurde er von hinten hineingestossen, am Arm gepackt und herumgedreht. Lisa sah ihn mit zusammengekniffenen Augen an, legte einen Arm um seinen Hals und küßte ihn gewaltsam. Sie zog an seinem Hemd, versuchte, mit der Hand in seinen Hosenbund zu greifen.

"Mach schnell!" Ihre Lippen waren blutig von seiner Wunde. Sie versuchte, ihn von den beiden Urinbecken weg in die kleine abschließbare Toilette zu schieben.

Er stieß sie von sich. "Du bist verrückt!"

Er spürte, wie das Blut von seiner aufgeplatzten Wunde das Kinn herunterlief. Für einen Augenblick wich sie zurück, dann griff sie mit beiden Händen nach seinen Wangen. "War ich das?"

"Nein, nein, eine Wunde. Sie ist wieder aufgegangen."

Er wollte ihr ausweichen, aber sie begann, das Blut von seinem Kinn und den Lippen zu lecken, und er hielt still. Sie biß ihn sanft, und es gab keinen Grund mehr, vor irgendetwas Angst zu haben, nicht vor dem Tod und nicht davor, daß jemand hereinkommen würde, daß jemand an der verschlossenen Tür rütteln und sie hören würde. Nicht vor der lächerlichen Figur, die man mit heruntergelassener Hose, dem schwellenden Glied unter dem zerknitterten Hemdensaum in einem stinkenden, engen Toilettenraum macht. Nicht vor der Feuchtigkeit auf dem Fußboden, die langsam in die Hosenränder eindrang.

Nicht vor dem beißenden Geruch der Urinsteine, der zu ihrem stoßweisen Atem wurde. Alles war Wut.

33

Sie war nicht da. Ungläubig sah er immer wieder die Straße hinauf und hinunter, stellte sich auf die Zehenspitzen, um über die Köpfe der Passanten hinwegzusehen. Sie hatte ihn gebeten, eine Weile unten zu bleiben und später nachzukommen. Sie wollte vor dem Lokal auf ihn warten.

Er ging zurück in den Eingang des Lokals, stellte sich auf die erste Stufe, teilte die Straße in Segmente ein und suchte alles noch einmal mit den Augen ab.

Jemand räusperte sich hinter ihm. "Das Schlimmste ist vielleicht, daß ich lange genug gelebt habe, um zu wissen, wie nicht nur mein eigenes Leben, sondern das aller weitergehen wird. Keiner von den Leuten, die ich kenne, hat die Chance, sein Leben überraschend zu ändern. Sie haben alle nur ein begrenztes Verhaltensrepertoire."

Es war Wontroba, der an der Tür lehnte und sich jetzt eine Zigarette anzündete. Er schwankte leicht, spuckte die Zigarette aus und grinste: "Scheiße, am Filter angezündet. Ich muß noch ziemlich klar sein, daß ich es gemerkt habe." Er holte eine neue Zigarette.

"Mit den Büchern geht es mir ähnlich. Ich lese ein paar Seiten und weiß, wie sie ausgehen. Natürlich traue ich meinen Ahnungen nicht, sondern lese dann in der Mitte und weiter hinten noch ein paar Seiten bis die Enttäuschung einsetzt. Es gibt für mich keine wirklichen Überraschungen mehr."

Alexander sah ihn mißtrauisch an. Er sprach langsam, als müsse er sich sehr konzentrieren und die Sätze im Kopf vorformulieren. Es schien ihm, als spreche er über Lisa und wollte ihm eine verschlüsselte Nachricht geben.

"Es gibt nichts Neues, sondern nur noch zeitgemäße Interpretationen. Moden. Aber es ist die Frage, ob du das verstehst." Er grinste überheblich auf Alexander herab. "Ist es nicht ein entsetzlicher Gedanke, wie mühsam die Menschheit ihr Wissen erweitert, daß jede Generation gewissermaßen wieder von vorn anfangen muß - mit dem kleinen Einmaleins. Es graust mir davor, wenn ich beobachte, wie ein Achtzehnjähriger heute eine Erfahrung macht, die ich mit achtzehn ebenfalls gemacht habe - und er denkt dabei, er hätte etwas Einmaliges erlebt und müßte nun ein Gedicht darüber schreiben. Zu allem Überfluß findet sich wahrscheinlich auch noch ein Verleger und druckt ahnungslos den Schrott zum hunderttausendstenmal."

Er spuckte aus, kam ins Taumeln und mußte sich an der Wand festhalten.

"Geh, und mach deine Erfahrungen. Ich gehe wieder hinein und hoffe, daß es mir gelingt, so viel zu trinken, daß ich mich an nichts mehr erinnere - vielleicht auch dann noch, wenn ich wieder nüchtern bin."

Er war schon halb in der Tür, als er sich noch einmal umdrehte und mühsam formulierte: "Lauf, lauf so weit du kannst. Das ist kein Ratschlag, sondern eine Warnung, eine verdammte Warnung."

Zwei Gäste kamen heraus, rissen ihn fast um, packten ihn dann an den Armen und schoben ihn lachend in das Lokal.

Sicher, es hatte ein Zeit lang gedauert, bis der Kellner es zuließ, daß er zahlte, aber mehr als sechs, sieben Minuten konnten kaum vergangen sein. Gut, vielleicht zehn. Wo konnte Lisa hingegangen sein? Im Lokal war sie mit Sicherheit nicht mehr gewesen. Warum hatte sie nicht gewartet? Wollte sie ihn los sein? Ob sie Wontroba eine Nachricht gegeben hatte, die dieser für sich behielt, oder in seiner Trunkenheit gar nicht verstanden hatte?

Das einzige, was er von ihr wußte, war, daß sie eine Tasche bei Scheibe hatte stehen lassen. Eine Prostituierte kam lächelnd auf ihn zu. Er hob die Hand, winkte ab und ging die Davidstraße hinunter, blieb immer wieder stehen und sah zurück. Die Prostituierte winkte ihm, er solle zurückkommen. Schon ärgerte er sich, daß er nicht bei "Tinto" gewartet hatte. Sie mußte doch wiederkommen! Er würde zu Scheibe gehen und schnell zurücksein, wenn sie nicht dort war. Er beschleunigte seinen Schritt. Ihm war übel, und er fixierte die Lichtreklamen immer wieder als Haltepunkte.

Der Mann war in einem der alten Häuser bis unters Dach gestiegen, klopfte. Eine Frau in einem schmutzigen Bademantel mit schweißigem Gesicht und strähnigen Haaren öffnete ihm, ließ ihn schnell ein.

“Hast du es?”

Er hielt ihr zwei kleine Pastiktütchen vor das Gesicht und grinste mit zwei makellosen Zahnreihen.

“Hast du das Geld?”

Sie nickte. “Aber du kannst es mir auch machen. Du wolltest es doch immer.” Sie öffnete ihren Bademantel. Sie lächelte, aber ihre Augen blieben starr. “Komm, mach es mir mit deiner Nase. Das wolltest du doch immer.”

Er schlug ihr mit voller Kraft ins Gesicht. Sie fiel zu Boden. Er beugte sich über sie, griff in die Taschen ihres Bademantels und zog zerknitterte Geldscheine heraus.

“Du hast nur noch eine Möglichkeit, zu bezahlen.”

Er glättete die Scheine, ging zur Tür und warf die beiden Plastiktütchen auf ihren nackten Körper.

Alexander schwindelte. Er blieb vor dem Oase-Kino stehen und versuchte, sich auf die Filmbilder im Aushang zu konzentrieren. Natürlich hätte er bei “Tinto” bleiben müssen. Der Gedanke, daß Lisa den anderen Weg über die Friedrichstraße gegangen und jetzt auf dem gleichen Rückweg war, daß sie sich so verfehlt hatten, verursachte ihm Schmerzen. Wahrscheinlich suchte sie ihn. Charles Bronson blickte ihn lächelnd und mit müden Augen aus dem Schaukasten an. Alexander ging mühsam weiter, sein Darm rumorte. Er mußte dringend eine Toilette finden. Er setzte sich auf eine kleine Mauer, die einen Parkplatz begrenzte und versuchte, die Innereien seines Körpers zu beruhigen. Die Hände neben sich aufgestützt sah er angestrengt in den dunklen Nachthimmel. Sein Genick knackte. Mein Gott, was hatte dieses Mädchen mit ihm gemacht. Er ließ seinen Kopf nach vorn fallen und betrachtete die Blutspuren auf seinem Hemd. Das durfte ihm in seinem Alter doch nicht mehr passieren.

Schon als er den Torweg durchquerte, sah er, daß niemand zu

Hause war. Scheibes Atelier lag in völliger Dunkelheit. Er klingelte trotzdem, wartete, ging ein paar Schritte zurück und sah zum ersten Stock hinauf. Wieder begann es, in seinem Darm zu rumoren. Er würde nicht mehr weit kommen. Vielleicht gab es hier eine dunkle Nische. Er drehte sich um, im Vorderhaus brannten nur wenige Lichter hinter heruntergelassenen gelben Rollos. Links neben Scheibes Atelier standen vor einer Bretterwand einige Mülltonnen. Er schlich in diese Ecke, zog die Hose herunter und hockte sich in den Schatten einer der Plastiktonnen. Er hatte Durchfall und zog ängstlich seine Hose nach vorn zwischen die Füße, um sie nicht zu beschmutzen, dann wickelte er den Schlüssel aus dem Papiertaschentuch, zeriss es in vier kleine Teile und reinigte sich damit.

Erleichtert erhob er sich, blickte noch einmal zu Scheibes Wohnung hinauf und erschrak. Dort oben stand jemand unbeweglich in dem dunklen Fenster. Er flüchtete durch den Torweg.

34

Lisa war verloren.

Er brauchte rund einhundert Meter bis zum Ende der Lincolnstraße, um über sich selbst lachen zu können. Über seine Angst vor einem Gespenst am Fenster und über seine plötzliche Verliebtheit in ein Mädchen, an dem nichts schön war, außer ihrer Jugend. Sie hatte ihn so lange um sich selbst gedreht, bis ihm schwindlig war, dann vergewaltigt. Ein klassischer Fall, Männer in Esel zu verwandeln, möglicherweise in Goldesel. Man hebt ihren Schwanz und schon kommt das Geld. Wahrscheinlich wollte sie mit ihrem plötzlichen Verschwinden nur eine größere Summe vorbereiten.

Aber wenn ihm jetzt Lisa entgegenkäme, dann würde er alle diese Gedanken schnellstens vergessen, das wußte er.

Hier am Rande des Viertels waren die Straßen still. Er hob den Kopf und las an der Hauswand das Straßenschild "Silbersacktwiete". Weiter unten hieß sie dann "Silbersackstraße". Ein seltsamer Namen, dessen Ursprung er sich nicht erklären konnte. Er trat in etwas Weiches. Er fluchte und wollte den Hundekot am Kantstein abstreifen, aber es klebte nichts unter seiner Fußsohle. Das kleine Häufchen auf dem Fußweg war eine auf dem Rücken liegende, breitgetretene Maus, mit blutigem Gedärm an der Seite. Er ging weiter, und das Gefühl von Blut unter der Sohle lähmte sein Fußgelenk, so daß er kaum aufzutreten wagte.

Thomas war gerade ein dreiviertel Jahr alt gewesen. Sie hatten den alten Renault bis oben hin mit Windeln vollgepackt und waren in die gemietete Bauernkate bei Friedrichsstadt gefahren. Am dritten Tag kam der Keuchhusten und ließ Thomas Tag und Nacht nicht mehr los. Kathrin war die halbe Nacht wach und ging sofort schlafen, nachdem sie Thomas ins Bett gebracht hatte. Keinen Grund, den Urlaub abzubrechen, hatte der Arzt gesagt und Penicillin verschrieben. Mit dem Husten war die Maus gekommen. Jeden Abend saß sie Alexander gegenüber in der Küche, klein und grau mit glänzenden Augen dicht an die Fußleiste gepreßt. Sie rührte sich nicht und beobachtete ihn. Er hatte immer gelesen und nie gesehen, woher sie kam und wohin sie verschwand. Kathrin interessierte sich nicht dafür, tat es morgens mit der spöttischen Bemerkung ab, er sehe wohl weiße Mäuse. Jeden Abend, allein in der Küche, versuchte Alexander, der Maus ein wenig näher zu kommen, bis er feststellte, daß sie keinerlei Angst hatte. Sie blieb still sitzen, nur ihre Barthaare zitterten ab und zu. Auf Knien näherte er sich ihr bis auf etwa achtzig Zentimeter. Weiter wagte er es nicht.

Damals wurde ihm klar, daß er ein Mensch war, vor dem sich niemand fürchtete, daß er niemandem Angst machen konnte, nicht einmal einem Tier - und daß ihm damit eine wesentliche Voraussetzung für eine Karriere fehlte. Heute wußte er, daß es auch jene Eigenschaft war, die ihn in Kathrins Augen so lächerlich machte.

Die Straße machte einen leichten Bogen, und er hörte die Schritte der Frau, bevor er sie sah. Es war sonst niemand in dieser Wohnstraße unterwegs. Die kleinen hastigen Trippelschritte näherten sich. Stöckelschuhe mit Metall unter den Absätzen. Auf jeden Fall nicht Lisa. Sie hatte flache Schuhe getragen. Dann sah er die Frau und sie sah ihn, blieb stehen, kam dann noch schneller näher und griff nach seinem Arm, als müsse sie sich festhalten. Ihr Gesicht war angespannt, ihre Augen ängstlich. Er erkannte sie sofort wieder und erinnerte sich an den Namen: "Cynthia?"

Sie trug jetzt eine halblange Lederjacke, unter der ihre Beine in Strumpfhosen und Stöckelschuhen dünn herausragten, und eine Sporttasche über der Schulter.

"Bleib einen Augenblick bei mir stehen." Sie flüsterte und sah sich um, dann setzte sie die Tasche ab und klammerte sich weiter mit einer Hand an ihn, um sich mit der anderen die Schuhe auszuziehen. Auf Strümpfen hockte sie sich vor ihm hin, öffnete den Reißverschluß der Tasche und zog ein Paar weiße Turnschuhe heraus. Nachdem sie sie angezogen hatte, kam sie erleichtert wieder hoch und lächelte.

"Würde es dir was ausmachen, mich ein Stück zu begleiten? Aber mach dir keine falschen Hoffnungen."

Wieder sah sie sich um, als erwarte sie jemanden.

"Warum nicht. Wo willst du hin?"

"Nach Hause. Ich hasse es, wenn die Freier wissen, wo ich wohne, aber ich muß wohl eine Ausnahme machen."

"Ich bin keiner deiner Freier."

"Um so besser."

Sie sprach immer noch gedämpft und sah sich wiederholt um.

"Wovor hast du Angst?"

"Ach, nichts. Komm!" Sie hakte sich ein.

"Du wirst verfolgt?"

"Nein, nein, es ist nichts."

Sie kamen an der Maus vorbei und Alexander lenkte ihre Schritte an den Rand des Fußweges.

"Und warum willst du, daß ich dich begleite?"

"Es gibt Dinge, von denen du besser nichts weißt."

"Nichts Menschliches ist mir fremd." Es gefiel ihm, daß sie offensichtlich bei ihm Schutz suchte.

"Aber manches Fremde ist unmenschlich."

Er lachte. Eine solche Antwort hatte er ihr nicht zugetraut.

"Und ist der Fremde, der dir folgt, ein Unmensch?"

"Hast du ihn gesehen? Ist er noch da?"

Alexander blickte über seine Schulter.

"Ich glaube nicht. Warum erzählst du mir die Sache nicht, du brauchst ja keine Namen zu nennen."

Sie schwieg und drängte ihn, die Straßenseite zu wechseln, wobei sie sich selbst vergewisserte, ob ihnen noch jemand folgte.

"Was ist? Hat dich jemand bedroht?"

Sie vergrößerte ihre Schritte und antwortete nicht.

"Hast du niemanden, der auf dich aufpaßt, keinen - Freund?" Er wollte das Wort Zuhälter vermeiden.

"Ach Scheiße, ich bin vor einem Jahr hierher gekommen. Aus Süddeutschland. Ich hatte einen Job hier, so mit Fotos. Es gab ziemlich viel Geld dafür. Ich sollte mit den anderen zurückfahren, aber ich bin einfach hiergeblieben. Und einer von diesen Kerlen von dem Job hat mich hier entdeckt. Tja, und das hat ihm gar nicht gefallen. Jedenfalls hat er mir sehr deutlich gemacht, daß ich dahin gehen soll, wo ich hergekommen bin."

"Und er ist es, der dir folgt?"

"Keine Ahnung. Wahrscheinlich bin ich einfach nur ausgeflippt, habe es mir nur eingebildet."

"Ist es der Typ, der das mit deinem Finger..."

"Komm hör auf. Ich hab dir schon viel zu viel erzählt. An der nächsten Querstraße, versuche ich mich immer in eine ehrbare Hausfrau zu verwandeln. Wenn man auf dem Kiez arbeitet, sollte man nicht auch noch hier wohnen. Da wohne ich."

Sie deutete auf das Neubauviertel.

"Nur noch eine Frage: Wo war dieser Fotojob? Hier im Viertel?"

"Nein. Nein nein, an der Elbe. In einer tollen alten Villa."

"Das hast du dir jetzt ausgedacht, nicht wahr?"

"Und wenn schon?" Es klang fast wütend und er wußte, daß er nicht weiter fragen konnte.

Schweigend gingen sie in eine kleine Straße zwischen den Neubauten, bis Cynthia vor einem der Eingänge stehenblieb. Sie holte einen Schlüssel aus ihrer Jackentasche und lächelte ihn an.

"Danke für's Nach-Hause-Bringen. Normalerweise würde ich dich jetzt auf eine Tasse Kaffee hinaufbitten, aber du weißt, daß ich eine Nutte bin, und ich weiß, daß du es weißt." Sie küßte ihn auf die Wange. Er wartete, bis das Licht im Treppenhaus verlosch.

35

Natürlich waren sie die ganze Zeit verfolgt worden. Selten zuvor hatte er das so deutlich gefühlt: Der Blick auf seinen Nacken, so wie man auch den scharf gebündelten Lichtstrahl einer Taschenlampe auf der Haut spürt, der Druck zwischen den Schulterblättern, als wäre dort eine lange, dünne Stahlrute befestigt, an der er sich vorwärtsbewegte. Zwar hatte sein heimlicher Blick aus den Augenwinkeln oder die blitzschnelle Drehung des Kopfes immer nur die leere Straße hinter ihnen gezeigt, aber das war für ihn eher ein Beweis für die Verfolgung gewesen.

Er betrachtete die Fenster des Hauses, in das Cynthia hineingegangen war. Nirgendwo ging Licht an. Wahrscheinlich stand sie hinter einer Gardine und wartete, wagte nicht einmal, eine Zigarette anzuzünden, um sich nicht zu verraten.

Und der Verfolger war auch noch da. Irgendwo da hinten, bewegungslos in einem dunklen Hauseingang, an eine Mauerecke gepreßt oder im Schutz eines Busches, und fühlte sich sicher. Was ging es Alexander an, wenn sich Prostituierte nicht an die Regeln hielten?

Ein großer Mercedes bog langsam in die Straße ein auf der Suche nach einem Parkplatz. Alexander schlenderte zurück. Als der Wagen auf seiner Höhe war, wurde das Fenster heruntergelassen. "Hallo", sagte das blasse, grinsende Gesicht eines jungen Mannes mit blutroten Lippen. "Hätten Sie einen Moment Zeit?"

Alexander blieb stehen, aber der Mann wollte keine Auskunft, sondern hob eine Sektflasche in den Fensterausschnitt, schüttelte sie und richtete den Korken auf ihn.

"Sie sollen nur Zielscheibe spielen!"

Bevor Alexander sich ducken konnte, schoß der Korken an seinem Kopf vorbei. Der Sekt lief die Wagentür herab, tropfte auf die Straße. Aus dem Auto kam schrilles Gelächter betrunkener Frauen. Alexander beschleunigte seine Schritte. Die Wagentür wurde geöffnet.

"He, warten Sie!"

Die Sektfontäne zischte aus der Flasche und platschte hinter ihm auf den Fußweg. Alexander ging noch schneller. Er erwartete das Zersplittern der Flasche. Es kam nicht. Er drehte sich um, der Mann lag auf der Straße, mit dem Kopf auf dem Kantstein, und hatte die Flasche an die Lippen gesetzt. Die hintere Wagentür öffnete sich, eine Frau fiel lachend heraus, rutschte auf Knien auf den Mann zu und begann, ihm die Schuhe auszuziehen. Als sie den einen Schuh in der Hand hielt, wurde sie von einem Lachkrampf geschüttelt.

Langsam begann der Mercedes rückwärts zu rollen. Durch die Heckscheibe sah es so aus, als würden die beiden darin verbliebenen Personen miteinander kämpfen. Der Wagen beschrieb eine leichte Kurve und rammte einen parkenden VW, rutschte knarrend an dem Blech entlang, bis er mit einem Satz einige Meter vorwärtssprang. Ein weiterer Mann und eine Frau stiegen aus und fielen sich kreischend in die Arme.

Alexander wandte sich ab, ging schnell bis zur Hauptstraße vor und überquerte sie. Er wollte den gleichen Weg zurückgehen, noch einmal versuchen, Lisa zu sehen. Von ihrem Verhalten wollte er es abhängig machen, ob er seinen St.-Pauli-Ausflug abbrach, um alles Erlebte zu vergessen, endgültig hinter sich zu lassen, oder noch blieb. Die Geschichte mit dem Schlüssel war ihm längst gleichgültig geworden, und wahrscheinlich hatte dieser Schriftsteller recht gehabt: Alles war Wunschdenken gewesen, und dessen Ursache war sein Ausbruch aus Kathrins Welt, in der St. Pauli nicht vorkam. Es war die Suche nach einem Abenteuer, in dessen Mitte er sich als Beobachter fühlen, aber auch jederzeit zurückziehen konnte.

Die Idee, ein Aquarium anzuschaffen, trug er schon länger mit sich herum. Einen neuen Anstoß hatte das Aquarium in dem jugoslawischen Restaurant gegeben. Kathrins Entdeckung. Aber der Begeisterung, miteinander Essen zu gehen, war wieder die Sprachlosigkeit gefolgt. Sie saßen sich gegenüber und redeten nicht miteinander, sondern hörten den Gesprächen an den anderen Tischen zu oder beobachteten die Kellner. Kurze Bemerkungen über das Gehörte und Gesehene gaben sie wie Anmerkungen in Büchern von sich - Wahrheiten, nicht zur Diskussion bestimmt.

Das Aquarium neben ihnen hatte ihn fasziniert und die gleitenden, zuckenden Bewegungen der vielen Fische hatten ihn noch stummer gemacht. Und mit einem Mal wünschte er sich, ein Fisch zu sein, dort hinter dem Glas, in dieser überschaubaren Welt, mit ihren künstlichen Höhlen, dem versunken Schatz, den geplanten Schrecken, die doch nur Sicherheit verhießen. Fisch zu sein inmitten anderer Fische, schwerelos gleitende Bewegungen auszuführen und doch mit einer blitzschnell zuckenden Drehung alle zu verscheuchen und sich selbst hinter einem versunkenen Gebäude zu verbergen, um dann durch das Glas nach draußen zu schauen: das Chaos.

Er war wieder in der Silbersacktwiete. Vor ihm ein einsamer Spaziergänger mit Hund. Ein Dackel mit beginnender Lähmung. Seine Sehnsucht nach Lisa wurde stärker und die Furcht, von ihr ausgelacht, wie jeder andere behandelt zu werden, als sei nichts geschehen. Er verlangsamte seine Schritte, ließ den Spaziergänger davongehen, bis er allein in der Straße war. Vielleicht wäre es besser, das erneute Treffen mit Lisa einen Traum bleiben zu lassen. Einen, den er jeden Tag ein weiteres Stück vervollkommnen konnte. Aber vielleicht kam es sowieso dazu. Ein Stoß wie mit einem Eisenrohr traf ihn am rechten Schulterblatt. Er wirbelte herum, und sah ungläubig den faustgroßen Stein über den Fußweg rollen. Niemand war auf der Straße. Die Häuser dunkel. Er versuchte, die schmerzende Stelle am Rücken mit der Hand zu befühlen, da folgte der zweite Stein, verfehlte ihn knapp und blieb im Rinnstein liegen. Der dritte traf ihn schmerzhaft am Bein, und noch immer war niemand zu sehen. Er lief in die Mitte der Straße, rief laut "He, was soll das?", aber nichts rührte sich. Alles blieb still, auch folgten keine weiteren Steinwürfe. Mit eingezogenem Kopf und langen Schritten floh er, da folgten die nächsten Steine. Im Laufen sah er sich um und glaubte, Egon zu erkennen mit zum Wurf erhobener Hand. Er lief so schnell er konnte und wurde mitten auf dem Rücken getroffen.

36

Er lief, spürte nach wenigen Metern, daß er nicht einmal hundert Meter in diesem Tempo zurücklegen konnte, spürte seine Beine immer schwerer werden. Er hörte hinter sich schnelle Schritte, konnte aber daran die Entfernung seines Verfolgers nicht abschätzen und wagte nicht, sich umzudrehen. Seine Schritte wurden flacher, kleiner, und immer mehr Mühe kostete es ihn, weiterzulaufen. Kalter Schweiß brach ihm aus.

Er hatte das Gefühl, hin und her zu taumeln. Seine Luftröhre brannte. Langsamer und langsamer wurden seine Schritte. Es war aussichtslos, er konnte nicht entkommen, und zu allem Unglück hatte er auch noch die falsche Richtung eingeschlagen, weg von den belebten Straßen, hoch zur Bernhard-Nocht-Straße. Hier konnte er nicht einmal Hilfe erwarten.

Seine Knie knickten ein. Er mußte sich kurz gegen eine Hauswand stützen, zwang sich, weiterzugehen ohne zurückzuschauen. Sein Atem ging pfeifend. Er wollte wieder laufen, taumelte aber nur, stolperte fast den Kantstein hinunter. Er hatte keine Chance mehr, dem Rasiermesser Egons zu entgehen. Er mußte aufgeben. Er fiel mit dem Rücken gegen ein Auto. Die Knie gaben wieder nach, und er rutschte an dem Blech nach unten. Mit weit aufgerissenen Augen. Es war niemand hinter ihm. Er war allein. Er mußte wieder aufstehen, um atmen zu können. Sein hämmerndes Herz, seine brennende Lunge fanden nicht genug Platz in seinem eingeschnürten Brustkorb. Langsam richtete er sich auf, stützte sich mit den Händen auf die Motorhaube. Zwei scharfe Stiche jagten wie lange Stricknadeln quer durch seinen Kopf. Jeder Atemzug schmerzte und seine Zunge schmeckte nach Blut. Er tastete mit den Fingern der linken Hand in die Mundhöhle, aber nur schaumiger Speichel bedeckte die Fingerkuppen. Seine Lungen wollten sich nicht beruhigen.

Er sah den Schatten aus den Augenwinkeln, aber im gleichen Augenblick wurde sein Kopf von einem Stein, der ihn an der Wange traf, herumgeworfen. Schutzsuchend verbarg er sein Gesicht in den Armen. Der Schmerz trieb ihm die Tränen in die Augen, und er spürte das Blut über seine Wange laufen. Vorsichtig sah er über den schützenden Arm hinweg. Die Straße verschwamm, war leer, aber die Schatten der Hauseingänge lebten, schwankten vor und zurück, aus den Laternen zuckten kleine Blitze, und die Kantsteine der Fußwege bewegten sich in leichten Schlangenlinien. Ein großes, dunkles Stück Hausmauer löste sich und sprang in die Mitte der Straße.

Er zwang sich, wieder zu laufen, spürte seine Beine nicht,

konnte nicht einmal sagen, ob er ging oder lief. Er bog in die Bernhard-Nocht-Straße ein. Jemand kam ihm entgegen, wich erschrocken zur Seite.

Eva, schoß es ihm durch den Kopf, Evas Wohnung. Er erreichte das Haus, warf sich gegen die Haustür, fiel fast in den Hausflur und stolperte auf der Treppe. Er spürte den Schmerz im Schienbein kaum und zog sich am Treppengeländer weiter. Er klingelte, schlug mit der flachen Hand gegen die Tür: Mach auf, mach auf. Tränen strömten aus seinen Augen. Er bekam kaum noch Luft und spürte, daß er einer Ohnmacht nahe war. In seiner Verzweiflung holte er den gefundenen Schlüssel aus der Jackentasche, stocherte ihn in das Schloß, drehte ihn und fiel durch die sich öffnende Tür in den schwarzen Flur.

37

Die erlösende Ohnmacht kam nicht. Sein rasselnder Atem hielt ihn in der Realität der sich langsam drehenden Wände. Seine brennende Lunge war alles, was er spürte. Arme und Beine waren wie abgestorben.

"Eva!" Es klang wie das Pfeifen des Windes.

Es war niemand zu Hause.

Er rollte auf den Rücken, versuchte, sich zu beruhigen, aber seine Beine zuckten, als müßten sie immer noch fliehen. Flüssigkeit lief ihm über das Gesicht, und er wußte nicht, ob es Tränen waren oder Blut. Langsam kroch das Gefühl wieder in die Glieder. Der Schmerz an der Wange, am Rücken und am Schienbein kam pochend. Er richtete den Oberkörper auf. Schweiß tropfte ihm aus den Haaren, und er starrte auf die Tür.

Wieso hatte der Schlüssel gepaßt? Das war unmöglich, ganz und gar unmöglich. Das gab überhaupt keinen Sinn. Er lehnte sich an die Wand, holte den Schlüssel hervor und befühlte ihn. Da war die Einkerbung. Sie hatte einen kleinen Widerhaken, den er vorher nicht bemerkt hatte. War es noch der gleiche Schlüssel? Er wollte ihn im Licht betrachten und kroch auf Knien zu dem schwachen Lichtschein einer Straßenlaterne, der vom Küchenfenster bis in den Flur fiel. Und je länger er den Schlüssel untersuchte, um so fremder kam er ihm vor. Ja, das war der Schlüssel, den er schon einige Zeit mit sich herumtrug, den er Lou gezeigt hatte; aber das war nicht der Schlüssel, den er gefunden hatte. Er wußte nicht, woran das lag. Alles an diesem Schlüssel schien ihm ein wenig anders. Aber wer hätte ihn austauschen können? Nur Lou hatte ihn in der Hand gehabt. Aber warum sollte er das tun? Nein, es gab nur eine Möglichkeit: Eva hatte, während er schlief, den gefundenen Schlüssel mit ihrem eigenen vertauscht. Wahrscheinlich hatte sie ihn nur aus diesem einen Grund mit in ihre Wohnung genommen und mit ihr schlafen lassen.

Er zog sich am Türrahmen hoch, taumelte in die Küche und setzte sich an den Tisch, ohne Licht zu machen. Egon war nicht bei 'Albers' gewesen, aber er mußte dort Eva den Auftrag gegeben haben, den Schlüssel zu stehlen, während Alexander auf der Toilette gewesen war. Und als er unbemerkt das Lokal verlassen wollte, war sie ja schließlich hinter ihm hergelaufen. Nur eines war dann unverständlich: Warum verfolgte ihn Egon noch? Oder war es gar nicht Egon?

Er erhob sich, trat an das Küchenfenster und versuchte, die Straße vor dem Haus zu überblicken. Es war niemand zu sehen. Immer noch spürte er Schwindel. Die Wunde im Gesicht fiel ihm ein, und er tappte in das Badezimmer, schloß die Tür sorgfältig, damit kein Licht herausscheinen würde und betätigte den Schalter. Die runde Kugellampe blendete schmerzhaft. Er hielt sich am Waschbecken fest und sah blinzelnd in den Spiegel. Ein Fremder sah ihn an, bleich mit einem roten zacken-förmigen Blutrinnsal zwischen den Bartstoppeln von der Wange zum Kinn und zum Ohr. Die Haare klebten auf seiner Stirn. Sein Hals fleckig rot von Schweiß und Blutflecken am Kragen und auf der Brust. Die kleine Platzwunde von dem Steinwurf hatte sich bereits geschlossen. Das Gesicht im Spiegel begann zu zerfließen. Schnell drehte er den Wasserhahn auf, warf sich mehrmals das kalte Wasser ins Gesicht. Er nahm sich ein Handtuch und drückte es gegen die Haut, ohne Rücksicht darauf, daß es blutig werden würde. Es ging ihm besser.

Zurück in der Küche, vergewisserte er sich, daß die Straße immer noch leer war, goß sich Mineralwasser aus dem Kühlschrank in ein Glas und setzte sich an den Tisch. Ein Messer lag auf dem Tisch. Er drehte es mit der Spitze von sich weg.

Kathrin hatte ihm dicht gegenüber gestanden mit kalten, schmalen Augen. Ihre kleine Küche ließ wenig Raum, sich auszuweichen. Welche Ursache hatte der kurze, scharfe Wortwechsel gehabt? Ruckartig hatte sie die Schublade mit dem Besteck aufgezogen, und die spitzen Obst- und Fleischmesser waren durcheinandergefallen. Einige Sekunden lang mußte sie mit dem Gedanken gespielt haben, ein Messer in seinen Körper zu stoßen. Er hatte es schon deutlich in seinem Bauch gespürt, ihre Hand gesehen, die nach dem Messer griff, stoppte, leicht zu zittern begann. Natürlich würde sie ihn nicht ins Herz, sondern in den Bauch stechen. Denn der Bauch, das war ihr Werk: Frühstück mit Ei, Müsli, Gulasch, Lammbraten, Schinkenbrot und Vanillepudding. Wütend war sie dann mit dem Messer in die Apfelsine gefahren, um die Schale mit Gewalt herunterzureißen. Seitdem hatte Kathrins Umgang mit Messern ihre Beziehung bestimmt. Wer mit einem Messer zu tun hatte, drehte dem anderen den Rücken zu. Selbst der Tisch wurde so gedeckt, daß die Messer nicht auf den Partner zeigten. Messer wurden nicht mehr liegengelassen, sondern gleich nach Gebrauch gespült und eingeräumt.

Alexander drehte das Messer, bis die Spitze wieder auf ihn zeigte. Es war ein unbehagliches Gefühl, aber wenn er hier wieder herauskommen wollte, mußte er Bedrohungen, die von

Messern ausgingen, aushalten. Er mußte aufhören, alles mit sich geschehen zu lassen. Warum wehrte er sich nicht? Warum dachte er nicht nach, statt in Panik zu geraten? Es gab doch einen relativ sicheren Weg, aus der Wohnung herauszukommen. Er mußte ein Taxi rufen, dem Fahrer sagen, er solle hochkommen und an der Tür klingeln. So einfach war das.

Er ging ins Bad, zog sein Hemd aus, ließ warmes Wasser in das Becken, gab Waschpulver dazu und tauchte nur die blutbefleckten Teile des Hemdes hinein. Die Flecken lösten sich nicht ganz, und das Hemd wurde doch zum großen Teil naß. Er stellte den Fön an und trocknete es. Als er es wieder anzog, spürte er noch die Feuchtigkeit. Dann ging er ins Wohnzimmer und griff zum Telefon.

38

Für einen Moment schien der Taxifahrer in der Tür nur einen Arm zu haben. Sein Schädel war rasiert. Er hatte die Figur eines Catchers.

"Taxi!"

"Ich komme, danke."

Der zweite Arm zeigte sich im Treppenhauslicht. In der Ferne klang die Sirene eines Polizeiwagens.

Die Zuschauer machten ihm kaum Platz.

"Ich bin Arzt", wiederholte der Mann, "lassen Sie mich durch!"

Er drängte sich durch den Menschenauflauf, der sich um den auf dem Boden liegenden Mann gebildet hatte.

"Was ist geschehen?"

"Den hat's umgehauen."

"Der schläft nur."

"Der wollte sich nur mal ausruhen, die Beine langmachen."

"Der hat Claudia gesehen, da ist ihm glatt die Luft weggeblieben."

Einige der Zuschauer lachten.

Der Arzt beugte sich herab. Der Mann am Boden hatte die Augen geschlossen, atmete sichtbar gleichmäßig, als würde er schlafen. Der Arzt führte seine Hand an die Halschlagader, dann schob er ein Augenlid hoch, schließlich öffnete er die oberen Hemdenknöpfe. In diesem Augenblick kam Leben in das Gesicht des Mannes, der Mund verkrampfte sich und die Wangen blähten sich auf. Sein ganzer Körper zuckte jetzt. Dann platzte ein brüllendes Lachen aus ihm heraus.

"Mann, ich bin kitzelig", japste er und erhob sich. Er grinste in das überraschte Gesicht des Arztes. Der Arzt wollte schon gehen, drehte sich plötzlich um und schlug dem Mann mit der Hand ins Gesicht.

Der Hinterkopf des Taxifahrers war tätowiert: Ein Gesicht aus derben Linien mit großen aufgerissenen Augen, mit einer breiten Nase und einem schmalen Mund, der sich mit der Bewegung der Nackenfalten verzog. Eine grobe Zeichnung, die aber durchaus seinem vorderen Gesicht ähnlich war.

"Sie haben Glück", sagte er und drehte sich halb zu Alexander herum, so daß sich die Linien des zweiten Mundes in die Länge zogen. "Ich kann wohl sagen, daß ich unter allen Kollegen der bin, der sich hier am besten auskennt."

Er sah wieder nach vorn und startete den Wagen. "Mir entgeht hier nichts auf St. Pauli." Er tippte mit dem Zeigefinger auf eines der tätowierten Augen auf seinem Hinterkopf und lachte. "Ich hab nur ein Problem, wenn ich Sie hier spazierenfahren soll: Wie wär's mit einer Anzahlung?"

Alexander reichte ihm einen Fünfzig-Mark-Schein. Der Fahrer nahm den Schein und klemmte ihn an den Taxameter, dann gab er Gas und wendete den Wagen.

"Wenn Sie mir noch sagen, wie das Mädchen aussieht, dann halte ich meine vier Augen ebenfalls offen." Er rollte den Kopf, als wollte er eine gymnastische Übung gegen einen steifen Nacken machen.

Alexander beschrieb Lisa. Sie bogen langsam in die Davidstraße ein.

"Mädchen, die so aussehen, kenne ich'ne Menge, aber die laufen eher am Hauptbahnhof, in St. Georg herum. Vielleicht sollten wir dorthin?"

"Nein nein, hier und bitte langsam."

Natürlich wollte er Lisa wiedertreffen. Aber nicht nur sie. Er hoffte auch, vielleicht Eva zu sehen oder Wontroba oder Scheibe. Sie mußten etwas über den Schlüssel wissen, und er wollte das Viertel nicht verlassen, ohne das Ganze zu verstehen. Entweder verbarg sich ein Verbrechen dahinter, oder alles war Zufall und die Verbindungen existierten nur in seiner Phantasie.

Der Fahrer beobachtete ihn im Rückspiegel.

"Übrigens, ich kenne hier auch ein paar hübsche junge Dinger, die wahre Wunder vollbringen, wenn es darum geht, ein anderes Mädchen zu vergessen."

"Danke, kein Interesse."

"Na, kann ja noch kommen."

Der Geruch des Wagens nach Kunstleder und Dieselöl und der bullige Fahrer ließen Alexander sich immer sicherer fühlen. Das Auto war wie ein kleiner Panzer. Selbst wenn er Egon traf, würde er ihn aus dem Wagen heraus ansprechen, vielleicht einsteigen lassen.

"Wie wär's mit der da?" Der Fahrer zeigte auf eine blonde Prostituierte und wartete keine Antwort ab.

"Na ja, war wohl nichts." Er lachte, hob seinen schweren Körper mit einer leichten Neigung nach links und furzte knatternd. Beifallheischend sah er über die Schulter. Alexander tat, als hätte er nichts bemerkt, drehte den Kopf zum Fenster und betrachtete intensiv die Gesichter der Menschen auf den Fußwegen.

Die Ampel an der Kreuzung Kastanienallee zeigte Rot. Wieder furzte der Fahrer, versuchte, das Geräusch diesmal aber durch ein künstliches Husten zu übertönen. Alexander wollte die Seitenscheibe protestierend herunterdrehen, aber die Drehgriffe fehlten auf beiden Seiten.

"Kann man die Fenster nicht öffnen?"

"Tut mir leid, ist gerade mal kaputt."

Jetzt erst erreichte der Gestank Alexander. Er verschloß die Nase, aber der Gedanke, die Luft ohne den Filter der Nasenschleimhäute mit offenem Mund einzuatmen, war noch schlimmer. Er öffnete die Nase wieder, atmete flach und versuchte, sich durch den Blick nach draußen abzulenken.

"Können Sie hier noch links zum Hans-Albers-Platz?"

"Klar."

"Können Sie an der nächsten Ecke kurz parken?"

Vielleicht gelang es ihm, vom Wagen aus einen Blick ins "Albers" zu werfen, aber der Fahrer fuhr vorbei und hielt ein Stück entfernt.

"Würden Sie einen Moment warten."

"Sicher. Wie Sie wollen."

Das gesamte Wageninnere war inzwischen von einem intensiven fauligen Gestank erfüllt. Alexander sprang heraus und atmete tief durch. Er lief zurück bis zur offenstehenden Tür von "Albers". Es war nicht sehr voll und niemand darin, den er kannte.

Als er wieder in den Wagen stieg, war der Gestank kaum noch spürbar.

"Fehlanzeige?"

"Ja."

"Wo jetzt lang?"

"Runter zur Reeperbahn und wieder zurück."

"Vielleicht sollten Sie einen Blick in den 'Silbersack' werfen. Ist ja wieder 'in' die Kneipe."

"Nein, ich glaube nicht."

Der Wagen fuhr langsam wieder an.

"Neulich hatte ich von dort'ne Fuhre. War'ne ganz bekannte Schauspielerin. Erst wollte noch so ein Typ mit ihr mitfahren, aber sie hat ihm einen Tritt gegeben. Dann saß sie hinten und hat die ganze Zeit gelacht über mein zweites Gesicht. Sie wohnte im Hotel "Prem". Als sie ausgestiegen war, denk ich, was ist denn das Dunkles auf der Rückbank? Ich fasse hin, ist es ganz feucht. Ich rieche an meinen Fingern, und was meinen Sie, was es war? Die hat sich vor Lachen in die Hose gemacht!" Er schüttelte den Kopf. Alexander betrachtete angewidert die Rückbank.

"Keine Sorge, es ist trocken. Hat allerdings ein paar Tage gedauert."

Der Fahrer umkreiste das Viertel und versuchte, es auf jeder möglichen Straße zu durchqueren. Alexander brauchte ihm kaum Anweisungen zu geben, zumal er mehmals die Davidstraße und die Friedrichstraße benutzte, in denen sich Alexander die größten Chancen ausrechnete. Die Blähungen des Fahrers ließen nicht nach. Das Geräusch versuchte er immer wieder durch Räuspern und Husten zu übertönen. Alexander kam es so vor, als sei der Geruch nicht mehr so stark, vielleicht hatte er sich auch nur daran gewöhnt.

"Warum haben Sie diese Tätowierung?"

"Macht sie Ihnen Angst, oder finden Sie das komisch?"

"Weder noch."

"Sie ergab sich einfach. Wenn Sie genau hinsehen, können Sie sehen, daß die Nasen- und die Mundlinie zwei Narben sind. Ich hatte mal einen Verrückten im Fond. Er fuchtelte mit einem Messer herum. Na ja, und als klar war, daß die Narben schon fast ein Gesicht waren, da ergab sich der Rest. Früher gab's noch Augenbrauen dazu. Die wachsen nicht mehr. Man wird alt."

Je länger sie unterwegs waren, um so mehr entfernte sich für Alexander die Welt außerhalb des Wagens. Der Anblick der Fußwege und der Straßen kam ihm vor wie eine endlose Kamerafahrt, deren Schwenks er mit seiner Kopfbewegung bestimmte. Die Geräusche des Viertels drangen nur gedämpft herein. Vielleicht war da draußen alles schon unter Wasser. Eine versunkene Stadt. Sie hier drinnen hatten noch Luft, wie in einer Taucherkugel und beobachteten alles durch ihre Kamera mit dem distanzierten Interesse von Unterwasserforschern. Licht und Schatten flossen vorbei, gaben kurz den Blick in bunte Höhlen frei, und an den Fußgängerüberwegen der Reeperbahn wurden sie von Fischschwärmen umkreist. Natürlich durfte man die Fenster nicht öffnen.

Am Millerntor nahm der Gestank wieder zu. Der Fahrer wendete, um die Reeperbahn zurückzufahren. Auch in U-Booten gab es Gefahren, die von den Gasen der Batterien ausgingen. Das hatte er gelesen. Es strömte unter dem Sitz des Fahrers hervor. Dann mußte man auftauchen und raus. Ob Fische riechen können? Er war sich sicher, daß sie es können.

“Fahren sie in die Lincolnstraße.” Es war das dritte Mal.

In der Kurve furzte der Fahrer erneut, hob dabei seinen Körper leicht aus dem Sitz und begann prustend zu lachen.

“Ist ja menschlich”, sagte er und drehte sich grinsend zu Alexander um. In einem seiner Nasenlöcher hatte sich eine Schleimblase gebildet.

“Können Sie anhalten?”

Der Fahrer kicherte in sich hinein und stoppte gegenüber dem Eingang zu Scheibes Hinterhaus, und Alexander wußte, was er die ganze Zeit umkreist hatte.

39

Als er durch den Torweg ging, hallte ein Schrei über den Hinterhof. Die Tür zu Scheibes Atelier stand einen Spalt breit offen. Ein schmaler Lichtstreifen fiel über den Hof vor Alexanders Füße. Auch im ersten Stock brannte Licht. Der Schrei mußte von dort gekommen sein. Nein, er konnte auch ebenso gut in einer gegenüberliegenden Wohnung entstanden sein.

Die Akustik solcher Hinterhöfe täuschte oft über die Herkunft von Geräuschen.

Alexander sah zurück. Vielleicht wäre es besser gewesen, er hätte den Taxifahrer warten lassen. Es war noch Geld übrig gewesen. Ein viel zu großes Trinkgeld. Aber er hatte schnell raus gemußt, um atmen zu können.

Wenn Andree Trinkgeld gab - es war immer sehr viel - war es ein Akt der Erniedrigung. Grundsätzlich befahl er den Kellnern, noch einmal nachzurechnen, dann ließ er sich auf den Pfennig herausgeben, um schließlich ein paar lächerliche Münzen über das Tischtuch zu schieben. Hatte der Kellner das Geld eingesteckt und sich schon herumgedreht, rief er ihn zurück, gab ein oder zwei Scheine und sagte dabei: "Ich bin Andree."

Entschlossen ging er auf die Tür zu, lauschte, öffnete sie langsam und betrat das hell erleuchtete Atelier. Es war aufgeräumt, alle Bilder lehnten übereinander mit den Gesichtern zur Wand, und eine frisch grundierte große Leinwand stand in der Mitte des Raumes auf einer Staffelei. Im ersten Stock waren Schritte zu hören.

Er war schon auf Zehenspitzen zur Treppe unterwegs, als er innehielt. Es machte keinen Sinn, sich hier hineinzuschleichen. Er mußte selbstbewußt auftreten und durfte keine Angst zeigen. Er ging zurück, drückte auf die Klingel, trat wieder ein, ließ die Tür aber offen. Die Treppe knarrte und hätte ihn sowieso verraten.

"Weißt du", sagte Scheibe laut, als spräche er mit jemandem, der sich in einem anderen Zimmer der Wohnung aufhielt. "Weißt du, ich sehe auf meine Hand, die auf dem Tisch liegt. Ich will sie hochheben, aber sie bleibt liegen, und nur mein Arm hebt sich als Stumpf."

Er saß apathisch in der Küche vor einer Bierflasche und sah nicht auf, als Alexander im Türrahmen stand.

"Und weißt du, was mir heute morgen unter der Dusche passiert ist? Ich wäre fast ertrunken, weil sich mein Mund nicht wieder schloß und das Wasser hineinlief. Ich war wie gelähmt, wagte keine Bewegung, damit meine Därme nicht zerreissen. Ich sah plötzlich an mir herunter: Die Bauchdecke fehlte und meine Gedärme glitten langsam heraus, fielen wie lebende Schlangen mit durchsichtigen Häuten auf die Kacheln." Er griff zur Flasche, trank einen langen Zug und sah dabei Alexander an.

"Ist Lisa..." Er mußte sich räuspern, um weitersprechen zu können. "Ist Lisa hier?"

Scheibe setzte die Flasche ab, schüttelte den Kopf und rülpste.

"War sie hier?"

Scheibe nickte. "Sie hat ihre Tasche abgeholt. Wenn man weiß, daß alle Frauen sterben, mit denen man schläft, dann läßt man es irgendwann bleiben. Es ist wie Gift, das man ihnen spritzt. Ganz bestimmt."

Die Stimme klang schneidend. "Was machst du noch hier?"

Alexander fuhr herum. Hinter ihm stand Egon mit verschränkten Armen.

"Ich will endlich wissen, was los ist."

"Wir dachten, du hättest genug. Schade. Aber wende dich vertrauensvoll an unseren Spezialisten für Horrorvisionen." Egon deutete auf Scheibe und ging in Richtung seines Zimmers.

"Moment." Alexander eilte ihm nach. "Du warst hinter diesem Schlüssel her, den ich gefunden hatte. Was ist damit?"

In der Tür zu Egons Zimmer prallten sie fast zusammen.

"Schlüssel, Schlüssel. Jeder Mensch trägt im Schnitt drei Schlüssel mit sich herum. Das macht 180 Millionen Schlüssel allein in diesem Land. Darüber hinaus kann man davon ausgehen, daß jeder noch weitere fünf Schlüssel zu Hause besitzt. Das macht zusammen 480 Millionen. Und wenn ich die Schlüssel der Behörden, der Büro- und Fabrikgebäude noch hinzuzähle, komme ich leicht auf - sagen wir: 900 Millionen?"

“Ich will wissen, was es mit diesem einen Schlüssel auf sich hat? Warum hast du mich verfolgt?”

“Geh nach Hause zu deiner Frau und deinem Kind!”

Er schob ihn zurück und schloß die Tür seines Zimmers. Alexander hörte ihn das Telefon bedienen.

Scheibe hatte die zweite Flasche Bier vor sich auf dem Tisch stehen.

“Was ist mit ihm?” fragte Alexander und deutete mit dem Daumen in Egons Richtung. “Was hat er gegen mich?” Er lehnte sich gegen den Küchenschrank.

“Warum tust du nicht einfach, was er sagt?”

“Was?”

“Nach Hause gehen.”

“Nein, ich will wissen, was hier vor sich geht.”

“Daran hat wohl keiner gedacht, dir eine Erklärung zu liefern, eine, die dich zufrieden abhauen und schlafen läßt.” Er lachte. “Was sind schon ein paar Alpträume? Ein bißchen Schweiß in der Nacht, und am Morgen lüftet man die Betten. Alles vorbei. Das wirst du doch noch aushalten können?”

Scheibe lehnte sich zurück und sah Alexander verächtlich an.

“Was willst du noch hier? Du gehörst doch gar nicht hierher, und das scheint dir jemand klar machen zu wollen. Das ist alles. Wir kennen dich gar nicht. Also verschwinde.”

“Aber Egon scheint mich zu kennen. Woher weiß er, daß ich verheiratet bin und ein Kind habe?”

“Ach, Egon, der lebt von kleinen Aufträgen, für die er glaubt, bezahlt worden zu sein oder bezahlt zu werden. Davon leben hier doch alle.”

“Und diese Aufträge betreffen mich?”

“Vielleicht. Mir ist einmal nachts im Park am Bismarckdenkmal mein Geld gestohlen worden. Ein Mann hatte mich angehalten und mich mit einem Messer bedroht. Am nächsten Tag gehe ich in eine Kneipe, stelle mich an die Bar, und da steht der Typ neben mir. Was glaubst du...” Er langte nach seiner Bierflasche. “Was sollte dieser Typ tun? Er konnte doch...” Die

Bierflasche fiel ihm aus der Hand, seine Augen weiteten sich entsetzt, und er begann zu schreien. Egon stürzte aus seinem Zimmer, riß Scheibe vom Stuhl hoch, drückte ihm ein Knie in den Rücken und zog ihn mit einem Ruck an der Schulter zurück. Der Schrei brach ab.

"Meine Füße, meine Füße", murmelte Scheibe. Egon ließ ihn auf den Stuhl herabsinken. Scheibe sah ihn flehend an. "Weißt du, plötzlich waren meine Füße abgetrennt. Knochen, Adern und Sehnen hingen aus den Stümpfen. Alles war voll Blut." Er stand auf, ging auf wackeligen Beinen hinaus, dann hörte Alexander das Wasser im Bad rauschen.

"Es ist im Augenblick ziemlich schlimm mit ihm." Egon stellte die Flasche auf den Tisch zurück, holte einen Lappen und wischte das vergossene Bier auf. "Er hat Visionen. Sie sind so stark, daß sie für ihn Wirklichkeit sind."

Alexanders Hände, mit denen er sich während Scheibes Ausbruch an den Küchenschrank geklammert hatte, entkrampften sich.

Scheibe kam zurück mit rotgeriebenem Gesicht. Aus seinen Haaren tropfte Wasser. "Danke", sagte er zu Egon. Er trank den Rest aus der Bierflasche und holte sich eine neue aus dem Kühlschrank. Jemand kam die Treppe herauf. Es war Wontroba. Er nickte den anderen zu und faßte Alexander am Arm. "Komm. Ich denke, wir müssen einen kleinen Spaziergang machen."

40

Wontroba führte ihn in Richtung Elbe. Der Fischmarkt würde bald beginnen. Kleine und große Lastwagen waren unterwegs.

"Ich habe Lisa zum Bahnhof gebracht. Ich hoffe, sie ist klug genug und sitzt dort noch auf dem Bahnsteig und wartet auf den ersten Zug. Die Fahrkarte habe ich bezahlt. Sie hat mir nicht gedankt, und sie wird mir dafür niemals dankbar sein, weil sie nie wissen wird, wovor ich sie bewahrt habe."

"Wovor?"

"Davor, hier zu leben - mit uns."

Es schien Wontroba nicht gut zu gehen. Er blieb ab und zu stehen, hielt sich mit einer Hand an einer Mauer fest, stieß die Luft aus und sah in den Himmel, über den eine dichte Wolkendecke zog und die Nacht verlängerte.

"Stell dir vor, man könnte die Sterne sehen, wie beschissen wir uns dann erst fühlen würden", sagte er.

Er zündete sich eine Zigarette an. Nach ein paar Zügen ging er schneller.

"Weißt du, wie dieser Film hieß, in dem Jack Palance nackt durch die Wüste läuft?"

"Ich glaube 'Il Mercenario', den habe ich damals zweimal gesehen - das muß fünzehn Jahre her sein, oder noch länger."

"Der Schluß war einfach großartig: Jack Palance in dieser Stierkampfarena. Wer war eigentlich sein Gegenspieler?"

"Ich weiß nicht genau. Franco Nero?"

"Ja, möglich. Und dann steht er da im Anzug mit einer weißen Nelke. Der Schuß fällt. Jack Palance guckt erstaunt auf die Nelke, die sich langsam rot färbt. Solche Filme gibt es nicht mehr, was?"

"Nein. Damals war die Welt noch einfach - auch einfach veränderbar, deshalb gab es diese Filme, einfache Träume."

"Damals durften wir noch im Kino von Heldentum träumen. Wir durften noch an den Wert der persönlichen Leiche glauben, obwohl uns Vietnam eigentlich täglich das Gegenteil bewies. Vielleicht war Vietnam der Grund dafür, daß die besseren Western damals aus Italien kamen."

Alexander drängte es nicht, ihn nach Eva, Scheibe und Egon zu befragen. Er wußte, wenn sie den Fluß erreicht hatten, würde sich alles aufklären. Schließlich standen sie an der Hafenstraße und Wontroba hielt ihn vom Überqueren zurück.

"Ich glaube nicht, daß die Welt früher einfacher war. Es

schien nur so. Ich war gerade zwanzig, Kunststudent und aus einem Taumel sich überstürzender, immer neuer Beziehungen aufgetaucht. Ich hatte meine Identität gefunden und begann, mich zum ersten Mal richtig den äußeren Lebensumständen zuzuwenden, nachdem ich mein Inneres zur Ruhe gebracht hatte. Ich trug damals Schwarz. Die Farbe der Versenkung, der Nacht. Niemand sollte von meiner Äußerlichkeit abgelenkt werden, sondern alles sollte auf mein wertvolles Inneres verweisen." Er lachte glucksend. "Ich bin ein alter Mann. Ich werde bald vierzig. Damals hatte ich mein zitterndes, schwankendes und immer wieder verwirrtes Ich zur Ruhe gebracht. Nun blickte ich auf, fühlte mich stark, denn ich hatte mich selbst überwunden, und deshalb schien mir die Welt einfach - einfach, weil ich das Chaos in mir selbst gesehen und überwunden hatte." Sie gingen über die Straße. Wontroba sprach leiser, mehr zu sich selbst.

"Und dann mußte ich jenem Menschen begegnen, der alles wieder kompliziert machte. War ich schon mit meiner Malerei immer am Randbereich zwischen Kitsch und Kunst - alles nur gestohlen - jetzt nahm das alltägliche Leben eine ähnliche Wendung."

Sie standen am Wasser, sahen die Mauer hinunter auf die sich träge bewegende ölige Flüssigkeit. Und Alexander hatte das Gefühl, neben einem alten Freund zu stehen, einem, der Gefahr lief, sich in die Elbe zu stürzen, wenn es ihm nicht gelang, das richtige Wort zu finden.

"Wird man nicht klüger, wenn man älter wird?", fragte er.

"Nein. Sieh dich an. Man verherrlicht seine Fehler und macht sie immer wieder. Man vergißt viel."

"Ich?" Alexander betrachtete fasziniert die kleinen Wellen, die einige Meter unter ihm an der Mauer leckten.

"Du hast zu viel vergessen." Wontrobas Stimme hatte sich entfernt. Alexander drehte sich um und erhielt in diesem Moment einen Stoß. Er sah noch Andree mit ausgestreckter Hand und dahinter Wontroba, der an seiner Zigarette zog.

Das Wasser nahm ihn auf, zog ihn herab, aber er kam schnell wieder hoch. Er hatte keine Angst. Mühelos schwamm er auf die Mauer zu. Seine nasse Kleidung behinderte ihn kaum. Sie schien ihm eher Auftrieb zu geben. Vielleicht hatte sich eine Luftblase unter seiner Jacke gebildet. Etwas weiter war eine Nische. Eine eiserne Leiter war in der Vertiefung montiert. Er zog sich hoch, kletterte einige Querstreben hinauf, dann hielt er inne, sah zurück und beobachtete das herabtropfende Wasser. Er blickte zum Mauerrand auf. Es war niemand mehr da. Die beiden mußten gegangen sein. Er lächelte und betrachtete wieder das Wasser unter ihm. Warum sollte er nicht noch ein Stück schwimmen? Er löste sich von der Leiter.

41

Er war fast schwerelos, schwamm mit wenigen ruhigen Bewegungen und spürte, wie ihn das ablaufende Wasser mit sich zog.

Er war lange nicht mehr geschwommen. Kathrin mochte es nicht. Ein Urlaub an der See war für sie mit schwitzenden Leibern und sonnenverbrannter roher Haut verbunden. Er hatte sich an die Ferien im Garten gewöhnt und seine Freude an dem im Wind fließenden Gras und den rauschenden Blättern gefunden. Auch der Versuch, seinem Sohn das Schwimmen beizubringen, war schon bei der ersten Unterrichtsstunde gescheitert. Thomas war auf dem nassen Boden des Hallenbades ausgerutscht und mit dem Hinterkopf aufgeschlagen. Eine Wunde, die genäht werden mußte. Diese kleine, haarlose Stelle an Thomas' Hinterkopf hatte jeden weiteren Versuch, Schwimmen zu gehen, unterbunden. Es gab viele solcher kleinen Signale, die sein Leben einschränkten.

Mit ein paar kräftigen Zügen schwamm er weiter vom Ufer weg.

Er streifte seine Schuhe ab und legte sich auf den Rücken. Er ließ sich treiben und versuchte, seine Fußspitzen aus dem Wasser ragen zu lassen. Eine Welle überspülte sein Gesicht. Er prustete lachend und drehte sich wieder auf den Bauch. Er hatte sich lange nicht so wohl gefühlt.

Er beobachtete die kleinen Wellen, die er mit den gleichmäßigen Bewegungen seiner Arme ausschickte. Sie eilten voraus und gingen in größeren Wellen auf, deren glasige Spitzen das Licht des aufgehenden Tages fingen. Die Wellen kräuselten sich sorgfältig, versanken in großen, spiegelglatten Flächen, erhoben sich neu und nickten: Zum Meer, zum Meer.

Alexander lächelte, selten hatte er so sehr seinen ganzen Körper gefühlt, gespürt, daß er lebte und sich bewegte. Das Wasser umschmeichelte ihn. Was ging ihn das alles an, was am Ufer geschah? Er schwamm, und nur das war wichtig und ganz selbstverständlich. Er brauchte nicht darüber nachzudenken, über nichts mehr nachzudenken, sich an nichts mehr zu erinnern. Er mußte nur schwimmen. Schwimmen war herrlich. Er würde lange schwimmen. Irgendwann würde das Wasser klar werden und sonnendurchflutet, so daß er bis auf den Grund hinabsehen, vielleicht bis auf den Grund tauchen konnte. Dort würde es Seesterne geben, Muscheln, Korallen und tanzendes Seegras. Er mußte nur immer weiter schwimmen. Und das war einfach und herrlich.